MAS OPINIONES

«Pasar la vida trabajando [...] valorado, solo por dinero [...] se paga. Debemos trabaj... ..., jóvenes, mayores, expertos o inexpertos… en tratar de vivir nuestra vida profesional como la personal, apoyando, aprendiendo y disfrutando…*Diario de un Millennial* es la historia de alguien que persigue este reto.»

Quim Serracanta y Natalia Perarnau, fundadors de Kids&Us

«*Diario de un Millennial* es una reflexión en primera persona sobre la nueva estructuración del mercado laboral y los beneficios de un liderazgo positivo capaz de sacar lo mejor de cada generación.»

Paloma Cantero, Forbes 30under30 y CEO de YouthProActiv

«La sociedad cambia constantemente y lo que antes podía funcionar a las mil maravillas, ahora necesita reinventarse. La comunicación, la cercanía con tu equipo, la pasión que transmites con tu manera de hacer las cosas... son aspectos que impactan de manera directa en aquellos que te rodean. Muchas veces nos olvidamos del camino (proceso) y solo nos centramos en el destino (resultado).»

Rubén López, miembro del equipo nacional español de gimnasia artística, olímpico en londres y youtuber (WARMAXINSO)

«Estoy completamente convencido de la importancia de un buen management y dedicar muchos esfuerzos en crear una cultura fuerte dentro de la empresa. Me gusta mucho una frase que leí un día que dice "culture eats strategy for breakfast". Nosotros en Glovo procuramos cuidar nuestra cultura y tener siempre presentes nuestros "core values", para mí son primordiales, son nuestra esencia. *Diario de un Millennial* es una interesante reflexión sobre el buen y el mal management en las empresas de nuestra generación. ¡Os invito a disfrutar de la reflexión y de la lectura!»

Oscar Pierre, cofundador y CEO de Glovo

«Lo más importante de cualquier organización es contar con buenos líderes y grandes equipos. Y lo más importante de un buen líder es hacer crecer a sus equipos empoderándoles y manteniendo una comunicación extraordinaria con ellos. Tan sencillo y tan difícil, cuando se habla de relaciones humanas. De todo este apasionante viaje habla *Diario de un Millennial*. Imprescindible ponerlo en práctica.»

**Cristina Burzako, directora de comunicación
y marca de Telefónica España**

«Cuando eres joven, sueles soñar hasta lo imposible. Tus sueños, pocas veces se convierten en realidad. A veces el mundo real es más cruel de lo necesario pero los escollos, las dificultades, los tropiezos y especialmente las personas equivocadas, necias y miserables que por desgracia sueles encontrarte en el camino, son el mejor de los aprendizajes. Sudor y a veces sangre, pero el retorno a este necesario peregrinaje suele ser muy rentable. Nada es gratis. Muchos creen que todo vale y compiten contra todo y todos, incluidos, compañeros, jefes y subordinados. Es el gran error. La vida es mucho más simple aunque al principio sea dura. Mateo lo ha comprobado. Busca el apoyo y ayuda de otros. Júntate con gente buena y buena gente. Antes de pedir, ofrece y da, verás cómo recibirás más de lo que hayas imaginado. Y para finalizar sé menos digital y busca, fomenta la comunicación personal, "one to one", directa, física , mirando a los ojos, seduciendo a los que te rodean, pero eso sí, con sinceridad.

Felicidades David, estoy seguro que muchos Mateos y Marías te lo agradecerán.»

**Gabriel Masfurroll, soñador, emprendedor y empresario.
Imagine & Do it**

«La vida te premia conociendo a personas absolutamente generosas que cada día, en cada oportunidad, comparten y regalan parte de sí mismas. Así es David y así es su libro. Una reflexión que nos invita a recordar que es importante reconocer que todos mejoramos si no hay prejuicios y aprovechamos la riqueza de la pluralidad, que la pasión y la creatividad en el trabajo son garantía de éxito y que el mayor activo de una compañía son las personas.»

Alex López CEO en Sartia Top 20 Influencers Social Selling

«Durante estos más de 8 años que hemos estado detrás de Holaluz, hemos aprendido muchísimas cosas. Y las más valiosas, alrededor del equipo. Una empresa, per se, no es nada. Una empresa es el equipo que hay detrás de ella. Y una empresa llegará donde quiera llegar su equipo humano. Los millennials están a punto de cumplir 40 años y por lo tanto su presencia en el mundo laboral es total. Y uno más uno son dos: el equipo es lo más importante, y los millennials, mucho más adaptados al mundo actual, donde la incertidumbre, la tecnología y la velocidad de cambio son el pan de cada día, están empezando a ocupar puestos de liderazgo (donde se toman las decisiones). Así que tú decides: o abres tu mente, te pones las pilas y te subes al cambio (para no bajarte nunca más), o no te auguro un final muy feliz. Gracias David por compartir tu experiencia y sabiduría con los millennials, de una forma tan amena!»

Oriol Vila, cofundador y CEO de Holaluz

David Tomás

Diario de un Millennial

Una historia para que todas las
generaciones sean felices en el trabajo

Empresa Activa

Argentina – Chile – Colombia – España
Estados Unidos – México – Perú – Uruguay

Copyright © 2019 *by* David Tomás
All Rights Reserved
© 2019 *by* Ediciones Urano, S.A.U.
Plaza de los Reyes Magos, 8, piso 1.º C y D – 28007 Madrid
www.empresaactiva.com
www.edicionesurano.com

ISBN: 978-84-16997-05-3
E-ISBN: 978-84-17545-55-0
Depósito legal: B-4.048-2019

Fotocomposición: Ediciones Urano, S.A.U.
Impreso por Romanyà Valls, S.A. – Verdaguer, 1 – 08786 Capellades (Barcelona)

Impreso en España – *Printed in Spain*

Para Paloma y mi Mateo particular,
mis tres hijos Marco, Ainara y Teo.

También de David Tomás
La Empresa más feliz del mundo
Las 11 claves para reinventar tu profesión
y disfrutar del trabajo

Índice

1
Los nervios

Este es el primer día de mi vida, como dice la canción de Bright Eyes. No quiero ponerme estupendo, pero estoy seguro de que es así. O al menos de mi vida adulta, porque hoy empiezo a trabajar en lo que siempre había soñado y para lo que tanto me he preparado. Es mi primer empleo y no uno cualquiera, sino un puesto en *Semana Financiera* como nuevo responsable de su edición digital. Lo pienso un poco y me echo a temblar. Pero no, Mateo, cálmate. Si te han fichado, es porque das la talla, no tienes de qué preocuparte.

Eso me digo, y no acabo de convencerme. Necesito distraerme y hacer tiempo, porque es temprano y estoy muy nervioso. Y claro, la cafeína no ayuda, si hasta noto que me tiemblan un poco las manos. Ya voy por el segundo café y aún me quedan un par de horas hasta entrar en la redacción.

El problema es que desayuné demasiado pronto. Salté de la cama en cuanto abrí los ojos, mucho antes de que sonara la alarma del móvil, y para cuando el despertador finalmente sonó yo ya estaba casi listo, duchado y afeitado. Y ahora no sé qué hacer para relajarme y matar el tiempo.

Ya lo sé, voy a compartir en mi muro de Facebook el vídeo de YouTube de la canción de Bright Eyes: *First day of my Life*. El vídeo que compartí antes, mientras desayunaba, aún no tiene un solo *like*. Increíble porque se trata de la maravillosa *Viva la vida* de Coldplay. https://www.youtube.com/watch?v=dvgZkm1xWPE

No me explico cómo nadie me acompaña con un simple *like* en un momento como este, tan importante para mí. En el post contaba que hoy es el día D. No por el desembarco de las tropas aliadas en Normandía, sino por el mío en la redacción de *Semana Financiera*.

Cierro los ojos y veo a papá sentado en su viejo sillón orejero, leyendo el mismo semanario económico en donde hoy empiezo a trabajar y que tanta ilusión me hace. Sé que está orgulloso, me lo dijo ayer al teléfono, pero eso no me libra de los nervios. Al contrario, me siento todavía más presionado para no decepcionarlo.

Y tampoco me ayuda que nadie me acompañe a través de las redes sociales en este primer día de mi nueva vida laboral. Aunque pensándolo bien, no es una buena idea compartir el vídeo de Bright Eyes, porque en realidad se trata de una canción de amor y el vídeo además es un poco ñoño. No tiene nada que ver con lo que siento ahora, a excepción de esa primera frase de la canción. Mejor un tuit y cambiar el chip, porque la ansiedad me va a matar.

@MateoMillennial
Los sueños y deseos se cumplen, si tienes la actitud adecuada: trabajar en lo que te gusta y ser feliz es posible #diariodeunmillennial #millennials

¿Y ahora qué? Si me quedo esperando un retuit, me va a dar algo. Necesito distraerme un poco, aplacar los nervios y frenar la ansiedad, pero no es fácil. Los de mi generación lo queremos todo ya, estamos acostumbrados a la satisfacción instantánea y yo el primero, me hago cargo. Quizás hacerse mayor y madurar consista en eso: en aprender a ser pacientes y a controlar los nervios.

¿Y qué tal si me pongo a desembalar las últimas cajas que me quedan del traslado o a ordenar mi pequeña colección de vinilos para aprovechar el tiempo? Mejor no, porque con el ruido voy a despertar a Álex y ese no sería un buen comienzo para la convivencia. No debo olvidarme de que ahora vivo en un piso compartido y tengo que ser cuidadoso. Da igual que el tío con el que comparto piso sea un compañero de la *uni* con el que me llevo estupendamente, porque es lo mismo. A veces los conflictos se originan por chorradas así.

Y entonces, ¿qué hago? Ya leí los titulares de los principales portales económicos nacionales y extranjeros para ponerme al día y no se me ocurre otra cosa. La mañana de lunes se me está haciendo eterna y ni siquiera ha comenzado. Bueno, tal vez sí que ha comenzado y toca irse poniendo en marcha, porque incluso Álex ya sale de su madriguera.

—Hola, *bro*... ¿Nervioso?

—Qué va... relajadísimo —le digo con todo el morro.

Se mete en la ducha sin preocuparse por mi poca sinceridad y a mí se me enciende una bombilla: tomar nota de las cosas que me ocurran en esta nueva etapa de mi vida. Ajá: apuntar las cosas importantes me va a ayudar a centrarme y a mantener a raya el estrés.

Mientras abro la aplicación de notas Evernote en el móvil y la sincronizo a mi ordenador, Álex desayuna a una velocidad vertiginosa. Escribo a todo vapor un primer apunte sobre mi debut en el mundo laboral, lo que me va a permitir aunar mis tres pasiones: la economía, el periodismo y el entorno digital. Escribir no solo me relaja, sino que me lleva a pensar en lo afortunado que soy.

Álex coge su bicicleta plegable, que está junto a la puerta, y yo salvo mi reflexión en la pantalla.

—Marcho, tío, que se me hace tarde... Nos vemos por la noche. Suerte.

—Espera, bajo contigo —le digo.

Voy sobrado de tiempo, pero pienso ir andando a la redacción de *Semana Financiera* y es un largo paseo. Así que, salgo a la calle en un día radiante de sol, me pongo mis gafas Meller y los cascos del móvil para escuchar una de las playlists de Spotify. Presiento que hoy será un gran día.

2
La bienvenida

El guardia de seguridad comprueba mi nombre en su lista y me pide el DNI. Se lo entrego e ingresa los datos en el ordenador. Me devuelve el documento con una tarjeta magnética de visita, igual a la que me dio en las dos entrevistas que tuve con el director del semanario.

—En unos días te daremos una tarjeta definitiva, con tu foto de carné —me dice.

—Ok, gracias.

Paso la tarjeta por el lector y entro en la redacción de *Semana Financiera*. No recordaba un espacio tan grande o quizá me lo parece, porque está vacío. Nadie me espera tras la puerta. La séptima planta de este céntrico edificio me parece ahora un espacio enorme y amenazador. Serán los nervios, Mateo, tranquilízate, me digo.

A la izquierda están las oficinas de publicidad y administración, como recordaba, y a la derecha, tras las mesas de redacción, el despacho de Arturo, el director de *Semana Financiera*. Me armo de valor y avanzo sobre la moqueta en esa dirección.

Al acercarme lo veo tras el cristal, dando vueltas de un lado a otro como un tiburón en una pecera con el móvil pegado a la oreja. Arturo me guiña un ojo sin dejar de hablar por teléfono, me muestra el pulgar en alto y baja la persiana americana de su despacho.

Me quedo clavado sin saber qué hacer. La secretaria del director, en su escritorio, parece muy concentrada en la pantalla y no me hace el menor caso. Me doy cuenta de que un poco más allá hay un tipo de americana y corbata, sentado en un pequeño sofá. Seguramente espera para reunirse con el director.

La puerta del despacho se abre, Arturo le indica a su secretaria que lo haga pasar. Saluda al tipo con un apretón de manos y se encierran en la pecera. Los segundos siguen pasando y yo sigo ahí clavado sin reaccionar. Justo cuando comienzo a desesperarme siento que me tocan el hombro.

—¡Ay, querido! ¿Qué haces ahí parado como un pasmarote? Tú debes ser el nuevo, ¿verdad?

—Sí, es que… —Es una señora mayor, con un elegante peinado de peluquería y unas grandes gafas de otra época. Sonríe igual que mi tía Emma y eso me tranquiliza. Me siento como un niño perdido en un parque de atracciones—. Hola, soy Mateo, el nuevo responsable del área digital —le digo tendiéndole la mano.

—Lo sabía… ¿Qué tal? Yo soy Irene, redactora de mesa y tu nueva compañera, con más años de antigüedad en la casa que tus primaveras, Mateo —me dice dándome dos besos.

—No lo creo… Tienes que estar aquí desde parvulario entonces —le respondo, aunque probablemente diga la verdad. Irene sonríe halagada.

—Qué majo... Ven, que te presento a los compañeros. No está Vidal, el jefe de redacción, ni Julián, su mano derecha; supongo que por eso nadie te ha recibido como corresponde. Creo que hoy tenían un desayuno corporativo, vendrán más tarde —me dice cogiéndome del hombro y guiándome como una tía sobreprotectora.

—Ella es Valentina. Valentina, te presento a Mateo, nuestro nuevo fichaje para el digital.

—Hola, ¿cómo estás?

—¿Qué tal, Mateo? Bienvenido... —Valentina también me saluda con dos besos. Es una periodista de mediana edad, algo mayor que yo, pero viste de manera informal, blusa y tejanos, como los de mi generación. Parece simpática.

—Y él es Luis. Luis, te presento a Mateo —dice Irene. Luis me saluda con un mudo apretón de manos. Lleva americana, pero sin corbata; diría que es un poco más joven que Valentina, pero no lo sé. Levanta las cejas y se me queda mirando unos segundos, como si me estudiara, y vuelve a la pantalla sin abrir la boca.

—Mira, Mateo, este es tu ordenador —continúa Irene, encantada de su papel de anfitriona—. Espérame un segundo...

Irene se acerca a pasitos graciosos hasta el escritorio de la secretaria del director. Le susurra algo señalándome con la mano, y la secretaria, a quien nadie me ha presentado, me echa finalmente una mirada mientras se acomoda sus pequeñas gafas rectangulares. Garabatea algo en un papel y se lo entrega.

Irene me da un *post-it* con una mueca irónica de «está fatal» y me dice:

—Aquí tienes tu clave de acceso a la intranet y el número de teléfono del técnico de sistemas que te dará de alta como usuario.

—Gracias, Irene, eres un sol... Si no fuera por ti, aún seguiría ahí de pie sin saber qué hacer —le confieso.

—Nada, nada. Así funciona todo en *Semana Financiera*, ya te acostumbrarás... —suspira, me da unas palmaditas en la espalda y vuelve a su sitio.

El resto de la mañana nadie vuelve a dirigirme la palabra. Aprovecho el tiempo para darme de alta en la intranet, familiarizarme con el programa de edición del semanario y escribir algún tuit en mi cuenta personal.

@MateoMillennial
El primer día de trabajo debería ser especial y hacerte sentir importante
#diariodeunmillennial #millennials

Navego un rato entre webs y foros de diseño, buscando ideas para relanzar la página de *Semana Financiera*, pero el agobio que siento se me hace cada vez más pesado. Aún no me repongo del jarro de agua fría. Abro la aplicación de notas del móvil, releo lo que escribí esta mañana y apunto una nueva idea.

Evernote: Mi diario

Creo que he tenido un shock emocional en mi primer día de trabajo. He llegado ilusionado, con muchas ganas, y también un poco nervioso, y nadie me estaba esperando. No me han hecho el menor caso. Ahora llevo más de tres horas solo delante del ordenador y nadie me ha dirigido la palabra en todo este tiempo.

No hace falta organizar una gran fiesta de bienvenida para el que se incorpora a la plantilla, tampoco me esperaba eso. Pero sí al menos un recibimiento caluroso que me hiciera sentir valorado, que me demostraran que soy importante para la empresa. Así parece que les doy igual, hoy podría no haber venido y nada habría cambiado.

3
El grumete

—¿Quieres un café o un cortado? Te invito —la sonrisa de Valentina se asoma por encima de la mampara de acrílico que aísla mi escritorio.

Cada ordenador está encerrado en esta especie de cubículo semitransparente que deja pasar la luz de los ventanales que dan a la avenida, pero que te impide ver más allá de tu mesa. Así no hay manera de tener contacto con los compañeros de redacción.

—¡Sí! Un café me sentaría de maravilla, gracias —le respondo, contento de que al fin alguien me haga caso—. ¿Hay una máquina?

—Claro, y una pequeña nevera, por si prefieres traerte la comida de casa; ven, que te enseño la cocina. Yo antes lo hacía, ¿sabes? Pero últimamente voy muy liada y los buenos hábitos como la comida sana es lo primero que se pierde cuando vas de bólido —me dice de carrerilla, mientras me indica el camino.

La sigo y, antes de sacar el primer café de la máquina, ya me ha hecho un interrogatorio de tercer grado completo, como buena periodista. Parece mucho más animada de lo que estaba hace unas horas, cuando me la presentó Irene. Y ya me ha sacado mucha información: sabe que tengo veinticuatro años, que me licencié en periodismo, que hice un posgrado de marketing digital en Boston y que estuve seis meses de prácticas en Singapur, trabajando para un grupo multimedia. Incluso que vivo en un piso compartido y que no tengo novia. De momento no me apetece una relación seria, le confieso.

—¿Y cómo te ha caído Arturo? —me pregunta a quemarropa después del primer sorbo de cortado.

—¿El director?

—¿Y qué otro Arturo si no, Mateo? No te voy a preguntar por el que empuña la espada Excálibur —me dice con malicia, y me siento un poco tonto.

Creo que hasta me sonrojo. Solo pretendía ganar algo de tiempo porque no sé qué responder. Por suerte Valentina completa la broma con cara de circunstancias y me contagia su risa.

—Solo le faltaría eso, con las maneras que tiene.

—Bueno, no sé... A primera vista me ha caído bien, apenas lo conozco —le digo—. Supongo que a él le debo mi fichaje, ¿no?

—Sin duda, le habrá impresionado tu formación y tu experiencia en el extranjero. Bueno, al menos tiene las ideas claras: apuesta por reflotar el semanario renovando la edición digital. Está convencido de que al papel le quedan los días contados y probablemente tenga razón.

—¿Tú también lo crees? —le pregunto.

—Pues no lo sé, la verdad. Supongo que a largo plazo sí, los periódicos en papel desaparecerán. Pero a corto y medio no podemos perder los contenidos que ofrecemos en la edición impresa. Ya me dirás tú qué oportunidad tendríamos, si solo diéramos los mismos titulares que ya ofrecen cientos de portales de información económica, de manera casi instantánea.

—Ya, eso mismo pienso yo. Pero, ¿por qué has dicho *reflotar*? No sabía que *Semana Financiera* estuviera tan mal, me imaginaba que tan solo se trataba de adaptarse a los nuevos tiempos —le confieso.

—Hombre, no pasamos por un buen momento, eso está claro. Desde el último ERE, en el que se redujo la plantilla y el número de páginas, estamos todos un poco desmotivados, la verdad. Ahora lo único que importa es atraer nuevos anunciantes y no perder más lectores en papel. Pero ya me dirás cómo se consigue eso haciendo lo mismo de siempre, con el piloto automático y encima con menos recursos y menos gente...

Valentina no termina la frase y hasta se le escapa un suspiro. Ahora me explico el ambiente de esta mañana que tanto me afectó. Esperaba encontrarme una redacción un poco más ruidosa y animada. Acabo mi café sin saber qué decir.

—Pero no pongas esa cara, Mateo, que no todo está perdido. Por eso te ha fichado Arturo: para que le des un nuevo impulso a la edición digital y poder salir de este atolladero.

—No sabes cómo me tranquiliza escuchar eso —le digo—. El barco se hunde, pero el capitán confía en que el grumete, que acaba de subir a cubierta por primera vez, pueda evitarlo.

La carcajada de Valentina me devuelve un poco la confianza. Es buena señal que se lo tome a broma, aunque le hable en serio.

—¡Qué exagerado! *Semana Financiera* no se hunde... ¡O eso espero! —Se ríe con ganas otra vez y me guiña un ojo—. Y en todo caso, si se va a pique no es responsabilidad tuya, sino de toda la tripulación. En especial, del capitán y de su timonel, Vidal, el jefe de redacción que, por cierto, no conoces. Prepárate, porque Vidal está cada día más gruñón.

—Tú sí que sabes cómo animar a un marinero —le digo, y entre risas volvemos al trabajo.

4
El timonel

Tal y como me ha advertido Valentina, el timonel de esta fragata de periodismo económico, llamada *Semana Financiera*, tiene muy mal carácter. Acaba de entrar en la redacción hace unos minutos dando voces y desde entonces no ha hecho otra cosa que regañar a su tripulación.

Vidal llegó acompañado de quien supongo será Julián, su mano derecha, pero aún no me los han presentado. Quizá debería ponerme en pie y presentarme yo mismo, pero al escuchar al jefe de redacción se me quitan todas las ganas. Está tan ocupado, encadenando un enfado tras otro, que ni siquiera se ha dado cuenta de mi presencia.

Antes estaba regañando a Irene por un reportaje de pymes de última generación que le había encargado, según pude entender: «¡No quiero más excusas! ¡El tema ya está maquetado para este número y habíamos quedado que lo tendría en mi bandeja de entrada el lunes a primera hora!»

Ahora Vidal le está gritando a Luis, mientras lee la pantalla de su ordenador.

—¡No es este el enfoque que te había pedido, Luis! ¡Cómo te lo tengo que decir: limítate a escribir lo que te ordenan! ¡La creatividad la dejas para las aficiones que tengas en tu tiempo libre! ¡Ostras!

Estiro el cuello como una jirafa por encima de la mampara acrílica, para ver algún detalle de la escena o cruzar una mirada con Valentina. Pero es imposible, solo poniéndome de pie lo conseguiría. Estamos aislados en estos cubículos odiosos. Bueno, depende, porque ahora me conviene pasar desapercibido un rato más. Lo último que quiero como nuevo marinero es llamar la atención del malhumorado timonel.

En lugar de preguntar con la mirada a Valentina, le envío un WhatsApp:

Mateo
Vidal siempre es así?

Valentina
Qué va... Tiene días peores 😜

Mateo
No jodas?!!

Valentina
Pues sí 😂

Mateo
💀

La confirmación de lo que me temía me sienta como un tiro. Me sumerjo en mi ordenador con la ilusión de hacerme pequeñito y desaparecer en el ciberespacio. Busco consejos en foros sobre cómo enfrentarse a jefes difíciles y no puedo reprimir una pequeña reflexión en Twitter:

@MateoMillennial
Un jefe debería ocuparse de crear equipo y ayudarte a ser mejor profesional y persona, no en sacar lo peor de ti #diariodeunmillennial #millennials

Cierro rápidamente mi cuenta y me armo de valor, mejor no retrasar lo inevitable. Tarde o temprano voy a tener que saludar a mi nuevo jefe de redacción, y al menos ahora no lo escucho gritar. Me pongo de pie y me acerco a su mesa. Vidal viene del escritorio de Luis, aún con un dosier en las manos y la americana puesta. Deja la carpeta sobre su mesa, cuelga la americana en el perchero y se me queda mirando mientras se arremanga la camisa.

—Bueno, bueno, bueno… ¿A quién tenemos aquí finalmente? Al joven *millennial* que va a reflotar con su talento nuestra triste página web.

—Hola, soy Mateo —me presento.

Me tiende la mano y me dedica algo así como una sonrisa, que bien podría ser el gesto de un sicario satisfecho. Sin embargo, no parece un mal tipo, aunque se esfuerce en aparentarlo. Está perdiendo el pelo, pero conserva una mirada joven, limpia e inteligente. Da seguridad, incluso en modo sarcástico, como se ha puesto.

—Soy Vidal. ¿Cómo estás? Él es Julián, mi segundo de a bordo.

Me hace gracia porque la metáfora marinera está más extendida en la redacción de lo que me pensaba. Julián me estrecha la mano con un «bienvenido, Mateo» y vuelve a su mesa.

—Bueno, así que tú eres Mateo —retoma, ya sin sarcasmo—. Arturo me ha contado maravillas de ti, está realmente entusiasmado con tu fichaje. Confío en que estas maravillas sean ciertas y que nos ayudes a sacar el semanario adelante. ¿Puedo contar contigo?

—Por supuesto, Vidal —afirmo, pero con los nervios casi se me escapa «timonel»—. Espero no defraudarlo.

—Ya veremos... Ahora Julián te va a explicar el funcionamiento de la redacción y cuáles son tus funciones. Por la tarde, después de comer, nos vamos a reunir tú y yo con el diseñador y vamos a comenzar a trazar ese dichoso relanzamiento de nuestra web, ¿de acuerdo?

—Lo que usted diga.

—Trae tus ideas y apuntes de lo que hayas pensado. Y puedes tutearme, Mateo, que acabo de cumplir los cincuenta, pero no soy tan viejo.

—Lo que tú digas —me corrijo.

—Eso es —me alienta con una palmada en el hombro—. Ah, y una cosa más... ¿Puedo serte sincero?

—Claro, por supuesto.

Vidal me coge del brazo y en plan confidencia me dice:

—Mira, Mateo, todo ese cuento de Arturo sobre los *millennials* y las virtudes y capacidades que te ensalzan a ti y a los de tu generación sobre las redes y las nuevas tecnologías, yo me lo creo a medias, la verdad. Todo esto lo veo más para una publicación de moda o tendencias que para un semanario económico serio. ¿Me entiendes? Yo no creo en las generaciones, sino en las personas; piensa que cuando yo tenía tu edad solo contábamos con teléfono de línea, fax y escribíamos a máquina, y aquí me tienes. Así que, si vales o no para esto, tendrás que demostrármelo con resultados, ¿de acuerdo?

—Entendido —le digo, con un nudo en la garganta.

—Así me gusta —me dice Vidal con otra palmadita—, y ahora a trabajar.

Regreso a mi mesa confundido, no me esperaba algo así. Abro la aplicación de notas del móvil y hago un esfuerzo por entender la reacción de Vidal.

EVERNOTE: MI DIARIO

No me esperaba tener semejante choque generacional y cultural con mi jefe, nada menos que en mi primer día de curro. Justo cuando empiezo a trabajar donde siempre había soñado, sencillamente no me lo puedo creer. La labor de tu responsable en la empresa debería ser ayudarte a perseguir lo imposible y que tanto tú como la empresa crezcan y mejoren en lo profesional y en lo humano. Pero supongo que hay personas que le tienen miedo a lo nuevo y están demasiado preocupadas de que los que llegamos no les quitemos el sitio, en lugar de ocuparse de crear un gran equipo.

5
La comunicación

—Buah, tío… No me puedo creer lo que me cuentas —me dice Álex, mi compañero de piso, sin soltar el móvil.

Estamos en una terraza, compartiendo la cerveza de después del trabajo, y siento que Álex me escucha a medias porque sus pulgares siguen bailando sobre la pantalla mientras habla y aún tiene uno de sus cascos en el oído. Puede que busque alguna canción en Spotify o quizá chatea con los colegas para quedar.

—Como lo oyes —le digo, porque no sé a qué se refiere de todo lo que le he contado de mis dos primeros días en *Semana Financiera*. Ni siquiera si me ha entendido algo.

—¿Sabes cómo trabajamos en mi empresa? —me dice, levantando por primera vez la vista del móvil en todo el rato que llevamos.

—Ni idea, ¿cómo? —le pregunto.

Álex trabaja en una *startup* especializada en marketing digital y comunicación corporativa que ha logrado un buen posicionamiento en solo un año y medio desde su creación.

—Todos compartimos la misma mesa redonda. Ni siquiera tenemos lugares fijos, cada uno se sienta donde le apetezca con su portátil, según vamos llegando a la oficina. Nos vemos las caras y nos escuchamos todo el tiempo, no solo cuando nos sentamos en los sofás para hacer un *brainstorming*, como si estuviéramos en una reunión de directivos.

—Ya, me imagino.

—Pues yo no puedo imaginarme cómo trabajáis vosotros con esas mamparas que me cuentas, que aíslan cada escritorio. Cuando tienes una consulta o quieres discutir una idea, ¿qué haces? ¿Elevas un memorándum? ¿Pides una cita con el director? Ya sé, ¡le envías un burofax a tu jefe! —se ríe con ganas de su propia broma.

—Muy gracioso —le digo, acabando mi cerveza—. Pero si estuvieras en mi piel no te reirías tanto.

—Lo siento, *bro*. Es que flipo, la verdad —me dice, mientras se sumerge otra vez en la pantalla del móvil—. Y más con el dinosaurio de tu jefe de los tiempos del fax.

—Pues yo ni te cuento. Pero lo peor de todo no es eso, sino el mal rollo que se respira en la redacción —le digo.

Y ese mal rollo supongo que lo llevo encima, porque ahora me fastidia que Álex esté más atento a las alertas de su móvil que a lo que le estoy contando. Ni siquiera tengo ganas de salir a correr, con lo bien que me sienta, en lugar de estar aquí dándole vueltas al trabajo.

De todos modos, creo que Álex tiene razón: en el fondo todo es un problema de comunicación. Y ahora que lo pienso, es cierto, en la redacción nadie habla. Arturo, el director, ni siquiera me ha saludado y su secretaria, menos. Luis no me ha dirigido la palabra en dos días. Julián, el segundo de a bordo, solo me ha hablado para darme órdenes. Y Vidal otro tanto, después de la advertencia que me dio el primer día, cuando nos reunimos por la tarde con el diseñador. Solo Irene, que cada día me recuerda más a mi tía Emma por lo cariñosa, y Valentina se han mostrado más abiertas y comunicativas conmigo, porque el resto ni siquiera se hablan entre sí más allá de lo imprescindible para hacer el trabajo.

EVERNOTE: MI DIARIO

Vaya paradoja: he comenzado a navegar en el crucero de un semanario, para decirlo con las metáforas náuticas que acostumbran a utilizar en la redacción, en cuya sala de máquinas tienen serios problemas de comunicación. Parece una broma, pero no lo es. Es un problema serio. Y supongo que el responsable de semejante desbarajuste es el jefe de redacción. El mismo timonel de la embarcación, que no hace otra cosa que regañar y gritar a su tripulación, en lugar de propiciar el diálogo y la comunicación entre los marineros. Y mientras tanto, el capitán Arturo permanece encerrado en su camarote, tras el cristal de su despacho, sin intervenir. Así no hay manera de que un equipo funcione, ni de que un proyecto llegue a buen puerto.

@MateoMillennial
La comunicación abierta y sincera en una empresa
lo es todo
#diariodeunmillennial #millennials

Mientras anoto esta idea y escribo un tuit, Álex sigue concentrado en su móvil, sin hacerme el menor caso. Me doy cuenta de que se trata de la misma contradicción que hay en la redacción de *Semana Financiera*. Estamos juntos en un mismo espacio, pero sin decirnos casi nada.

—Bueno, yo me voy. Estás ahí con el móvil y no me haces ni caso.

—Igual que tú, tío. Es que estaba quedando con los colegas —me dice.

—Pues yo me voy a correr, a ver si me saco de encima este mal rollo.

—Vale, nos vemos luego, Mateo.

6
La motivación

«No perdamos el entusiasmo», me dice Valentina por WhatsApp con un vídeo de los Lumineers: https://www.youtube.com/watch?v=C6e5wxzPsQM
Es su canción preferida, *Flowers in your hair*. Cuando le conté junto a la máquina de café que había ido a un concierto de los Lumineers en Boston, Valentina no se lo podía creer. Ella se los perdió el año pasado, cuando estuvieron de gira por la ciudad. Iba a ir con una amiga, pero le falló la canguro y su madre estaba de viaje. Valentina tiene una hija pequeña de siete años y está separada. Su madre le echa un cable, pero igualmente dice que se le hace difícil compaginar el trabajo con la maternidad.

Ahora parece un poco más animada que hace un rato junto a la máquina de café. Le respondo con un «¡claro que no!» y un emoji de sonrisa y otro de pulgar en alto.

Lo que no deja de sorprenderme, además de lo poco comunicativos que son los compañeros a excepción de Valentina e Irene, es el malestar que se respira en la redacción. Nadie habla con nadie y el mal rollo se impone como si estuviéramos en un funeral. No entiendo cómo se puede trabajar así. Poco a poco me voy habituando a esta dinámica, pero no quiero que se me pegue el desánimo. Y al mal rollo se le suma la tensión extra del día de cierre. Hoy cerramos el número de *Semana Financiera* que llega mañana a los quioscos. Además Vidal no está en su puesto, porque tenía una reunión por la mañana, y Julián está reunido con el diseñador acabando de perfilar la maqueta del semanario.

Yo actualizo las noticias de la web e intento sacarle partido al nuevo diseño de la página que poco a poco va cargando en línea el programador. Pero hay algo que no acaba de funcionar. La renovación de la edición digital de *Semana Financiera* no se puede limitar solo a la nueva tipografía Helvética y a un nuevo diseño de líneas más claras y minimalistas. El cambio es solo de apariencia. Lo que necesitamos es relanzar la página con nuevos contenidos, nuevas secciones y enlaces y, por supuesto, renovar el tráfico de usuarios incrementando las visitas de nuestro portal.

Cuando pienso en cómo solucionarlo, una noticia de agencias me llama la atención. El Gobierno acaba de aprobar un nuevo paquete de medidas fiscales de apoyo a las pymes, a los autónomos y a los pequeños emprendedores, lo que paradójicamente se traduce en un endurecimiento de la imposición fiscal. Esta noticia de último minuto va en la misma línea del amplio reportaje que ha preparado Irene para la edición impresa.

Justo cuando se me ocurre una idea, siento una mano sobre el hombro derecho.

—¿Cómo va eso, Mateo? ¿Qué tal el nuevo diseño? —Es Arturo, el director, que se interesa por los avances de la web.

Le enseño el nuevo formato, señalándole los enlaces que debemos corregir, y le indico la idea que se me ha estado ocurriendo. En lugar de abrir la edición digital con el típico resumen trimestral de las empresas que cotizan en bolsa, sería mejor dar esta noticia de última hora como titular de apertura. Eso nos permitiría añadir una llamada, a modo de enlace, que remitiera al reportaje de Irene en la edición en papel, para todo aquel lector digital que quisiera profundizar en el tema.

—Incluso, además de la información básica, podríamos sumar también una pequeña columna de opinión analizando la noticia —le digo entusiasmado al director, pensando en el impacto y en las posibilidades de difusión de este nuevo enfoque.

—Me parece una idea estupenda, Mateo. Adelante, coméntaselo a Irene, a ver si está dispuesta a escribir una columna breve para el digital. Pero una cosa —me dice cuando su móvil comienza a sonar—: que en conjunto resulte ágil, no más de tres minutos de lectura en total.

—Perfecto —le digo al director, que ya se aleja con el móvil pegado a la oreja, como de costumbre.

Pongo manos a la obra, planteo la nueva noticia de apertura de la web y, antes de ponerme a redactar, le comento a Irene la jugada. Sin su colaboración y su buena voluntad para un trabajo extra no puedo llevar adelante esta iniciativa.

—*Breaking news*, Irene —le digo, acercándome a su escritorio—. ¿Has visto el nuevo paquete de medidas fiscales aprobado por el Gobierno?

—Ay, cariño, ¡claro que sí! ¡Gracias por avisarme! Tengo que comentárselo a Vidal, porque voy a tener que reescribir unos cuantos párrafos del reportaje y también modificar el titular.

Sigue de carrerilla dándome muchos detalles sobre cómo replantear el enfoque de su reportaje para añadir este giro de la información. Se la ve entusiasmada. Lleva el oficio en la sangre, porque se nota que la adrenalina de la noticia de última hora le sienta de maravilla. Aprovecho el subidón de Irene para comentarle lo hablado con el director. Ella no solo recibe mi propuesta con una sonrisa, sino que además se siente halagada.

—Qué ilusión, Mateo. Hace mucho tiempo que no firmo un artículo de opinión —me dice.

—¿Y eso? Con tu experiencia... ¿Por qué?

—Lo de siempre... no hay espacio suficiente en papel para más columnas de opinión que la editorial del jefe.

—Ya, pero en la edición digital no tenemos esas limitaciones de espacio —le digo, haciéndole un guiño.

—Eres encantador, Mateo. Me recuerdas a mi sobrino, ¿sabes? —me responde Irene, y yo me muero de risa, porque a mí me pasa lo mismo con ella, que me recuerda mucho a mi tía Emma.

Me pongo a trabajar de inmediato y el tiempo pasa volando. Cuando acabo de editar la noticia de apertura de nuestra web y de enlazar a la columna de Irene, me doy cuenta de que hace rato que se ha hecho la hora de comer.

@MateoMillennial
Cuando trabajas en un proyecto que te motiva las horas parecen minutos y cualquier esfuerzo es una recompensa
#diariodeunmillennial #millennials

7
Línea de mando

De lo que se trata ahora es de conseguir el mayor impacto posible con nuestra nueva apertura del digital, me digo, cuando regreso de almorzar. Pero me doy cuenta de que no será tarea fácil porque los perfiles de *Semana Financiera* en las redes sociales hace tiempo que necesitan un poco más de atención y movimiento para que aumente el número de visitas de la web. Nuestros seguidores en Facebook y Twitter son escasos y nuestra presencia en Instagram es casi testimonial. Por no hablar de LinkedIn y demás redes, en las que nuestro semanario ni siquiera tiene presencia.

Convenzo a Irene para dejarse fotografiar mientras trabaja y subo su retrato a Instagram con el enlace de la noticia y la leyenda siguiente: «NUESTRA COLUMNISTA DE HOY EN SEMANA FINANCIERA».

—Necesitaría ir a la peluquería, cariño. O al menos a retocarme el maquillaje.

—Así estás guapísima, Irene, no te preocupes —la tranquilizo.

Actualizo los perfiles en las redes sociales del semanario con nuestra apertura del digital y no contento con eso añado incluso un post en mi cuenta personal de Facebook. Estoy orgulloso del trabajo hecho y no lo puedo evitar.

UPDATE FACEBOOK

Cuando tienes una idea, tomas la iniciativa y la llevas a buen puerto, es cuando más realizado te sientes, a pesar de todo el esfuerzo que te demande. Así es como yo me siento ahora. ¡Estoy feliz! Llevo unas cuantas horas preparando este artículo para nuestra home *de Semana Financiera y a mí me han parecido apenas unos minutos de trabajo. Lo comparto aquí con todos vosotros y espero que os guste. Mañana en los quioscos con nuestra edición impresa ampliaremos la noticia con un gran reportaje.*

Etiqueto a los compañeros de redacción y vuelvo a insistir pasados unos minutos con la noticia en las redes. El primer paso para que aumenten las visitas y los seguidores de nuestro perfil de empresa es añadir a los amigos, contactos y seguidores de las cuentas personales de todo el equipo.

Y en eso estoy, siguiendo retuits y «me gusta», como un *community manager*, y comprobando cómo crece lentamente el tráfico de nuestra web, cuando Julián se acerca a mi mesa.

—¿Qué has hecho? Ahora se te va a caer el pelo, listillo —me dice, sin darme tiempo a reaccionar.

Antes de que pueda abrir la boca, o cerrarla, mejor dicho, Julián sigue su camino hacia la pequeña sala de reuniones, donde lo esperan Arturo y Vidal.

Me quedo completamente en blanco, preguntándome qué he hecho mal, cuál ha sido el fallo, en qué me he equivocado. Los minutos pasan cada vez más lentamente y no me repongo del jarro de agua fría. No entiendo nada. La puerta de la sala de reuniones finalmente se abre y Vidal se acerca con su sonrisa de sicario eficiente que ya conozco de sobras.

—Bueno, chaval, primero tengo que reconocerte una cosa: tienes iniciativa, buenas ideas y buena capacidad de reacción. No lo has hecho nada mal. Arturo está satisfecho y yo también: la pequeña columna de opinión de Irene en el digital ha quedado muy bien.

—Qué alivio, pensé que había algún problema. Cuando Julián me dijo que...

—Es que lo hay, Mateo —me interrumpe—. Claro que hay un problema y gordo... ¿cómo te lo explico?

Vidal resopla, barre el aire con la mano derecha y prosigue:

—Mira, nuestro problema se llama línea de mando y eso es sagrado. Tú reportas a Julián, Julián me reporta a mí y yo lo hago a la vez con Arturo, ¿estamos de acuerdo?

—¿En serio...? ¿Cómo si fuera el ejército? —El gesto de Vidal se endurece y enseguida me arrepiento de la pregunta que se me ha escapado.

—Exactamente, Mateo, como si fuera el ejército. ¿Y sabes lo que ha pasado aquí? Que al soldadito se le ha ocurrido una estrategia y la ha llevado a cabo por su cuenta, con la aprobación del coronel, eso no te lo niego, y el sargento y el capitán del regimiento se han quedado con cara de boniato y eso no puede ser. Si no te hago un consejo de guerra ahora mismo es porque, repito, el coronel te había dado la venia, por suerte para ti. Pero que no se repita.

Vidal hace el ademán de marcharse pero se arrepiente.

—Ah, y una cosa más, Mateo. Los textos, ya sean artículos, reportajes o columnas de opinión, como la que le has pedido a Irene, tanto para la edición impresa como para el digital, no los encarga un soldado raso, sino el capitán. O sea yo, el jefe de redacción. ¿Está claro?

—No me lo puedo creer —se me escapa, y otra vez tengo ganas de morderme la lengua.

—Pues créetelo, Mateo, porque es lo que hay —zanja Vidal, y se va.

Yo siento que me ahogo de frustración y de impotencia. Cojo el móvil y me voy a buscar una botella de agua.

EVERNOTE: MI DIARIO

En la universidad aprendí a colaborar y a trabajar en equipo, a co-crear de un modo horizontal. Ahora descubro que todo eso que me enseñaron no me sirve para nada, aquí solo tengo que obedecer y no pensar por mi cuenta. La mejor forma para desmotivarme es decirme punto por punto lo que tengo que hacer y además verme obligado a tener que pedir permiso para desarrollar cada idea que se me ocurra o cada iniciativa que quiera emprender. Sin la auto-

nomía ni la libertad necesaria para desarrollar tu creatividad, cualquier trabajo resulta agobiante, se vuelve aburrido y monótono.

@MateoMillennial

Sin autonomía ni libertad cualquier trabajo es una condena. La pasión se convierte en frustración #diariodeunmillennial #millennials

8
El malestar

Una semana en la redacción de *Semana Financiera* y ya siento que llevo aquí meses. Estoy agobiado, lo noto. Nunca pensé que podría perder la ilusión y el entusiasmo tan pronto, pero es así y me parece increíble. Tengo que hacer verdaderos esfuerzos para motivarme cada mañana y no hundirme.

Lo peor de todo es que comienzo a creer que este no es mi sitio, que no tengo nada que hacer en este semanario, y las ganas de largarme y dejarlo todo por momentos me pueden. Sé que es demasiado pronto, pero siento ese impulso y no puedo con él.

Estoy desmoralizado, de eso no tengo ninguna duda. Hacía mucho tiempo que no me sentía así y gran parte de la responsabilidad la tiene mi jefe. Aún no me repongo del jarro de agua fría del choque que tuve con Vidal el miércoles pasado, cuando me soltó todo aquello de la línea de mando y me dejó bien claro que yo era un simple *soldadito* en la jerarquía militar que ha impuesto en la redacción.

Esa estructura piramidal solo sirve para que las ideas y las iniciativas bajen de arriba hacia abajo en forma de órdenes, no para que prospere el verdadero trabajo en equipo, para que un proyecto progrese con el aporte y la colaboración de todos. Dos, tres, cuatro cabezas piensan mejor que una. Eso todo el mundo lo sabe, no hace falta ser Steve Jobs para darse cuenta. Es obvio, pero Vidal no lo pilla.

Cada cosa que pienso, cada idea que se me ocurre para renovar nuestra *home*, se la tengo que comunicar primero a Luis, la mano derecha del jefe, esperar a que lo consulte y me dé la autorización. Y encima, como Luis se toma muy en serio su papel de *sargento*, según el escalafón establecido por el *capitán* Vidal, cuando me da el visto bueno lo hace con órdenes precisas, como si la idea y la iniciativa no hubiera sido mía. Es absurdo, no creo que pueda acostumbrarme nunca a esta rutina militar.

Pero a lo que ya me estoy habituando, aunque no quiera, es a la música marcial de cada mañana como la que escucho ahora: las voces de enfado y los regaños de Vidal a la tropa.

Mateo
Pregunta del millón

Valentina
Dime

Mateo
¿A Vidal le gusta en verdad su trabajo o viene aquí cada día a amargarse la vida?

Valentina
¡¡Lo segundo, sin duda!! 😂

Mateo
Me lo temía 😜

Valentina

Bueno, supongo que antes le gustaba...

Cuando cuenta viejas batallitas

le brillan los ojos

Mateo

¿Y qué le ha pasado entonces?

Valentina

¿¿No lo sabes??

Mateo

¿¿¿¿...????

Valentina

¡¡¡Se ha divorciadooooo!!!

Hace unos meses... ojalá vuelva pronto a

ser el de antes porque ya está insoportable

Mateo

Wow! Ahora me explico.

Valentina

Oye, un café mejor, ¿no?

Que por Whats no puedo darte detalles

Mateo

Vale, en 15 min, que acabo de actualizar la home

Valentina

👍

El cotilleo para enterarme de qué demonios le ocurre a Vidal al menos me ha subido un poco el ánimo. Completo ahora lo que me ha contado Valentina junto a la máquina de café con un poco de investigación de su perfil en las redes. Lo que encuentro es poco y nada, pero me ayuda a hacerme una idea.

Su Facebook da pena y, a juzgar por la foto que veo, hace años que no debe actualizar su estado. Aparecen dos niñas pequeñas muy monas, pero Valentina me ha contado que las hijas de Vidal ya son adolescentes. Escribió su último tuit hace casi diez días y ni siquiera tiene perfil en LinkedIn, ni hablar de Instagram. Vidal es el típico profesional de la generación *baby boomer* negado para las nuevas tecnologías, reacio a las redes sociales y al que probablemente le dan miedo los cambios. La transformación digital de los últimos años no le debe hacer mucha gracia.

Y si a todo ello le sumamos la crisis personal por la que está pasando con su separación, ya tenemos la clave de la «mala baba que gasta el tío últimamente», como me dijo Valentina hace un rato. Pero el problema no es ese, sino que Vidal nos contagia a todos su frustración y su malestar. Y a mí el primero. Él es el que alimenta a diario el mal rollo que se respira en esta redacción.

@MateoMillennial
La vida personal y la profesional van de la mano, no puedes aspirar a realizarte en una sin contar con la otra #diariodeunmillennial #millennials

---

EVERNOTE: MI DIARIO

¿Cómo puede dar lo mejor de sí y dirigir con eficacia un equipo una persona que trabaja a disgusto? Eso es lo que le ocurre a Vidal y lo peor de todo es que lo paga con nosotros.

Da igual que la razón de su malestar sea externa al ámbito laboral, porque el resultado es el mismo. Si no estás satisfecho con tu vida privada, difícilmente encontrarás satisfacción en tu trabajo. Vida personal y profesional son dos caras de la misma moneda; la realización de una depende de la otra y viceversa.

9
La desconfianza

Por si fuera poco, ahora también tengo que enfrentarme con la hostilidad de los compañeros. Levanto la vista de la pantalla y ahí está la mirada desconfiada de Luis, mientras Vidal le encarga el texto que necesitamos para la web. A ver cómo reacciona ahora, porque su comentario de ayer me dejó desorientado. No sé lo que se piensa, pero me parece que ha malinterpretado la situación.

«No sé de qué vas, Mateo, pero no me gusta», me dijo, tras la reunión de consejo por la tarde, después de que Vidal se acercara a su mesa a preguntarle cómo iba su reportaje sobre energías renovables y los nuevos grupos de inversión que han entrado en el sector. «¿A qué te refieres, Luis? No te entiendo», fue mi respuesta, desconcertado. Hasta ayer no me había dirigido la palabra más que para un «buenos días» y un «hasta mañana» desde que me incorporé a la redacción y no me esperaba que lo hiciera finalmente en ese tono.

«Sí que lo sabes, no te pases de listo. Llevo cinco años sudando tinta en esta redacción y jamás he entrado a la reunión de consejo. Y tú, niñato recién salido de la facultad, llevas aquí solo dos semanas y no solo te llaman a la reunión, sino que luego Vidal viene a controlar mi trabajo. Ya me imagino por dónde van los tiros, así que ten mucho cuidado con lo que haces», me soltó de carrerilla, y acto seguido dio media vuelta y se largó. Me quedé con la boca abierta, mareado y sin saber por dónde comenzar una explicación que Luis no quería escuchar.

Yo lo único que hice fue seguir el protocolo de trabajo que me dejó bien claro Vidal y no repetir el error que cometí la semana pasada, cuando me riñó porque le había pedido por mi cuenta una breve columna de opinión a Irene para nuestra *home*. Pero seguir escrupulosamente la línea de mando, tal y como quiere nuestro capitán, se ve que tampoco evita los conflictos.

Para darle un poco de agilidad a la web se me ocurrió que el tema de la entrada en juego de nuevos inversores en el sector de las energías renovables se podría dar con un gráfico interactivo. Se lo comenté a Julián, y le pedí autorización para trabajar la infografía con el diseñador. Julián a su vez lo consultó con Vidal. El jefe de redacción se lo planteó a Arturo, en la reunión de consejo, y el director me mandó llamar a través de Julián cuando estaban los tres reunidos, para que les explicara un poco mejor en qué consistía la infografía que había pensado.

Y eso fue lo que hice al entrar en la reunión de consejo cuando me llamaron. Incluso sugerí la conveniencia de trabajar junto a Luis los textos de apoyo del gráfico, ya que era quien estaba más puesto sobre el tema y preparaba un artículo para la edición impresa. De allí el interés de Vidal por el trabajo de Luis al salir de la reunión y el malentendido que generó. No sé realmente qué se habrá pensado

Luis, pero estoy seguro de que nada bueno. Ahora supongo que el jefe de redacción le estará explicando el trabajo que vamos a hacer y, por cierto, parece que ya ha acabado.

—Bueno, Vidal me ha comentado el tema. A ver, enséñame ese gráfico —me dice Luis, acercando una silla a la mesa.

—Mira, había pensado lo siguiente... —comienzo a explicarle, sin hacer ningún comentario sobre su desafortunada reacción de ayer. Si Luis prefiere hacer como que no ha pasado nada, por mí mejor.

Le muestro el gráfico que hemos montado por la mañana con el diseñador y las ventanas que se abren al clicar sobre cada punto de la infografía. La idea es presentar el gráfico con una breve introducción sobre el sector de las energías renovables y completar la información con una ventana interactiva para cada grupo inversor.

—¿Qué te parece?

—*Wow*, muy bien. Está muy currado, me gusta el movimiento que tiene y está muy claro.

—Y las ventanas, ¿qué tal? Mira, cuando clico en Iberdrola... ¿Te parece bien la extensión? —le consulto.

—¿Cuánto tiene?

—750 espacios. Las podemos ampliar un poco, si prefieres.

—Perfecto, no las toques —me dice—. Vale, pues manos a la obra. Te voy enviando a tu correo la introducción y las pastillas de texto y tú las editas en el gráfico, ¿ok?

—¡Hecho! —le digo entusiasmado.

Luis se pone de pie antes de marchar a su ordenador, me palmea el hombro y me guiña un ojo.

—Oye, Mateo. Perdona por lo que te dije ayer, es que me pensaba que...

—Nada, nada. Olvídalo.

—Ok, pero firmamos este trabajo a cuatro manos —me dice.

—Había pensado que lo correcto sería que lo firmaras tú por los contenidos y el diseñador por la parte gráfica —le confieso.

—Ni hablar, compañero, que la idea fue tuya. En todo caso lo firmamos los tres —insiste.

—De acuerdo —le digo.

Acabo de ajustar el gráfico y el titular que sugirió Arturo en la reunión de ayer. Pocos minutos después ya tengo la introducción de Luis en mi bandeja de entrada. El tiempo pasa volando y la infografía comienza a tomar forma, tal y como me la había imaginado, a última hora de la tarde. Me reconforta saber que el malentendido con Luis ya está superado. Sin embargo, el episodio de ayer aún me hace ruido.

EVERNOTE: MI DIARIO

Cuando la comunicación falla, las estructuras jerárquicas definitivamente no funcionan, porque generan desconfianza y recelo. El verdadero trabajo en equipo es horizontal y fluido, no vertical y rígido, como sucede en esta redacción. Aún no acabo de comprender del todo qué fue lo que molestó ayer a Luis, pero no cabe duda de que se sintió amenazado por mi iniciativa, en lugar de ver sus potencialidades o qué podía aportar a su trabajo. *No sé qué edad tiene, pero creo que debe de llevarme casi diez años de ventaja y tiene mucha más experiencia que yo, eso está claro. Sin embargo, Luis se siente inseguro, como si yo fuera a quitarle su puesto. Cuando tu jefe no reconoce tu trabajo ni te hace sentir valorado —y eso sin duda es lo que le ocurre a Luis con Vidal— cualquier movimiento de los que llegamos luego se convierte en una amenaza.*

10
No news, good news

Con el *hashtag* #*EnergíasRenovables* nuestro gráfico interactivo tiene el récord de retuits de la historia, desde que comenzó a rodar la edición digital de *Semana Financiera*, según me comenta Valentina, que siempre ha seguido de cerca nuestro impacto en las redes. Y eso sin contar el *hashtag* #*CambioClimático* con el que aún sigue propagándose, la cosa no acaba aquí. Estoy feliz, vuelvo a recuperar el entusiasmo y las ganas del primer día. Era esto lo que necesitaba para sacarme de encima el mal rollo que se respira en esta redacción.

—No está nada mal, ¿eh? —le digo a Luis, cuando pasa junto a mi mesa con su café, señalándole el número de retuits en la pantalla.

—¡Claro que no! Buen trabajo, Mateo, ha quedado chulísimo.

—Lo mismo digo, sin tu ayuda no habría sido posible.

—Pues a por el próximo despliegue, compañero. Le estoy rondando a una idea, luego te la comento —me dice mientras se aleja.

—Oye, ¿Vidal o Arturo te han dicho algo? —le pregunto antes de perderlo de vista detrás de estas malditas mamparas de acrílico que nos aíslan.

—Ni una palabra, ¿por?

—Por nada, por saber si habían quedado conformes.

Luis me muestra el pulgar en alto y deja ahí el tema. Yo sigo con mi trabajo, pero me inquieta un poco el silencio de los jefes. Por lo que a mí respecta, ni el director ni el jefe de redacción me han dicho una sola palabra. Ni el menor comentario. Ni siquiera me han hecho alguna crítica o mencionado algún detalle que pudiera mejorarse, cosa que me llama mucho la atención.

Por lo que toca a Vidal en este aspecto, no es de los que se corten mucho para decir las cosas, al contrario. Ahora mismo está regañando a Valentina, puedo escucharlo desde mi mesa, por una entrevista «mediocre», según dice, porque no es capaz de encontrar un buen titular en toda la grabación. «No tiene sustancia, Valentina. Esto parece un cocido sin chorizo ni tocino, no una entrevista como corresponde». Así es con el dinosaurio Vidal de los tiempos del fax, como diría Álex, mi compañero de piso. Hasta las metáforas que usa para echar la bronca son anticuadas y casposas. Necesita un curso acelerado de usos y costumbres del español hablado en el siglo XXI, y eso solo para empezar.

Pero el caso es que ni siquiera Arturo se ha pronunciado tampoco. Y eso que el director está mucho más puesto en el cambio de paradigma digital que nuestro amable y considerado jefe de redacción. Tan interesado que se mostraba con el gráfico interactivo cuando tuvimos la reunión y luego, cuando el trabajo está hecho, ni una palabra. Con la repercusión que está teniendo en nuestra *home*, que ha aumentado exponencialmente las visitas, no lo entiendo.

Me voy a buscar un café, para pasar este mal trago, y a quien me encuentro en la cocina preparándose un té es a Irene.

—Hoy el chaparrón no te cae a ti.

—Ya, por suerte Vidal encontró otra víctima más joven y guapa. ¿Y a ti qué te pasa que estás con esa cara?

—Nada.

—¿De veras? —insiste.

—Me siento un poco frustrado, la verdad —le confieso—. Después de dos días de trabajo con el gráfico de las renovables, del impacto que ha tenido en las redes y de cómo están creciendo las visitas de nuestra web... pues aquí ni el menor caso. Ni Vidal ni Arturo me han dicho nada, como si no les importara.

—Ay, cariño, ¿es por eso? —Irene me mira conmovida—. Pero ¿es que aún no conoces la máxima del periodismo? *No news, good news*, eso siempre ha sido así: el silencio de los jefes equivale al trabajo bien hecho, y más en nuestra redacción, que son unos rancios. Si abren la boca, será para echarte una bronca, nunca para felicitarte por lo que has hecho bien. Si te sirve de consuelo, a mí el gráfico interactivo me ha encantado, me parece que habéis hecho con Luis un trabajo estupendo.

—Gracias, Irene. Bueno, supongo que tienes razón, no tengo que darle mayor importancia.

—Claro que no, Mateo. No dejes que esta tontería te afecte.

Vuelvo a mi mesa con el café y le doy vueltas a la pequeña lección de periodismo real que me acaba de dar Irene, pero no me acaba de convencer del todo. Que la máxima del *No news, good news* se imponga tradicionalmente en las redacciones no significa que sea buena ni que funcione, ni que deba ser siempre así y las cosas no puedan cambiar.

@MateoMillennial
El reconocimiento al trabajo bien hecho es tan necesario como la crítica constructiva para mejorar lo que haga falta
#diariodeunmillennial #millennials

EVERNOTE: MI DIARIO

Ni una palabra de aliento, un comentario al pasar o una palmada en la espalda por parte de Vidal o del director, Arturo. Nada, es muy fuerte. Si no fuera por la confirmación de Irene —la opinión de Luis no cuenta en este caso porque es arte y parte del asunto— y por el impacto que está teniendo en las redes, no tendría forma de saber si fue acertada o no la idea de hacer un gráfico interactivo para nuestra web y si finalmente quedó bien el trabajo. No se trata de que necesite un reconocimiento o una felicitación por cada cosa que haga bien, aunque tampoco estoy acostumbrado a que me hagan este vacío, sino al hecho de que es tan importante sentirse valorado y ver que los esfuerzos tienen algún tipo de recompensa, como al hecho de saber qué hemos hecho mal o en qué nos hemos equivocado. Quizá los de mi generación estemos muy enganchados al reconocimiento y la aprobación constante, pero recibir solo broncas, regaños y críticas por lo que se hace mal tampoco es bueno. Y así parece que funciona el periodismo sobre la máxima No news, good news *que nadie cuestiona... Increíble.*

11
El desconcierto

—Delicioso, *bro*. Pues ahora yo lavo los platos —me dice Álex recogiendo la mesa.

—Me parece justo, colega —le respondo.

Yo lo invité a dar cuenta de la carne rebozada con ensalada que me estaba preparando para comer y ahora le toca al compañero de piso recoger y lavar. La tarde del sábado se abre como una promesa de tiempo libre ilimitado para hacer lo que me venga en gana, pero antes de decidirlo me apetece un café para despejarme.

Voy a la cocina y Álex está colocando una cápsula en la máquina de café expreso. Me guiña un ojo porque se da cuenta de que era exactamente eso lo que iba a hacer.

—Venías a por uno como este, ¿a que sí? Pues toma, que te lo has ganado, *bro* —me dice ofreciéndome su café—. No solo por esa carne rebozada que estaba estupenda, sino también por aguantar a tu jefe Vidal, el capitán de regimiento —dice, y la risa contagiosa vuelve a asaltarlo como hace un rato en la sobremesa.

Desde que le conté mi primer choque con Vidal, que Álex no pierde la oportunidad de preguntarme «cómo está tu jefe, el dinosaurio de los tiempos del fax», a la espera de alguna nueva anécdota divertida. Ahora le he explicado lo de la bronca que me echó la semana pasada, cuando me trató de *soldadito* y me acusó de haberme saltado la línea de mando, como si la redacción de *Semana Financiera* fuera un regimiento.

Álex sigue conteniendo la risa, mientras se prepara su ración de cafeína, y no es para menos. A mí también me parece un poco absurda la historia, pero no me hace tanta gracia porque soy yo el que tengo que sufrir a Vidal.

Al primer sorbo de café, suena su teléfono. Álex mira la pantalla, me guiña un ojo y atiende.

—¡Andy! ¿Cómo va?

—...

—Claro, por eso te lo comentaba.

—...

—¿En serio? ¿Te parece buena idea?

—...

—Sí, ese es el punto débil. Pues mira, lo que había pensado es combinar ambas fases...

—...

—Exacto. Incluso Paula nos puede echar una mano ahí, ¿has visto los bocetos que tiene?

—...

—Ya lo creo. Pues genial entonces. El lunes nos ponemos manos la obra.

—...

—Por supuesto, ni lo sueñes. Ahora lo que toca. ¿Ya tienes las entradas?

—...

—Hecho, a las ocho en el mismo bar de la otra vez. Nos vemos en un rato, hasta ahora.

Álex cuelga el móvil y lanza el puño en alto con un gesto de triunfo. Se acaba el café de un trago y me guiña un ojo otra vez. Está feliz, de eso no cabe duda. Como durante toda la conversación telefónica no dejó de mirarme e incluso de hacerme gestos entre sus réplicas, estoy más que autorizado a preguntar.

—¿Buenas noticias?

—Ya lo creo que sí, las mejores. Este tío es muy grande. Un poco *workaholic*, la verdad, porque ya ves que no para, pero es un máquina.

—¿Un colega del trabajo?

—Qué va, es mi jefe, Andrés —me dice.

—Guau. —No me lo puedo creer.

No hace falta que diga más, mi cara seguro que es transparente, porque Álex parece leerme el pensamiento.

—Pues claro, *bro*, ¿qué te pensabas, que todos los jefes son como tu sargento Vidal? Andy es un crack y me está dando una gran oportunidad porque se ha decantado por mi idea para la campaña que tenemos entre manos. No lo puedo defraudar. Además, conociéndolo, lo primero que va a hacer frente al cliente es colgarme todos los méritos a mí.

—Como me pareció que habías quedado con él y hablas de unas entradas, pensé que era un colega —le digo sin salir todavía de mi asombro.

—Una vez al mes salimos juntos todo el equipo. Y como el mes pasado lo llevamos a un concierto de James Blake, ahora Andy se desquita y nos invita a un concierto de Wynton Marsalis y su orquesta. Ya ves, tampoco es perfecto.

—¿Qué dices? ¡Marsalis! Es uno de los mejores jazzistas del mundo.

—Si tú lo dices… a mí me da que esta noche me voy a aburrir un poco —me dice Álex, recogiendo su taza y poniéndose a fregar finalmente los platos.

—Pues mira, yo había quedado con los colegas para hacer una copa, pero si quieres intercambiamos los planes —le digo, con la esperanza de que Álex tome en serio mi broma, pero solo consigo divertirlo un poco más.

Me voy a mi habitación, completamente desconcertado. La cabeza me da vueltas. Enciendo el ordenador y abro la aplicación de Evernote para poner un poco de orden a las ideas. A las pocas líneas me doy cuenta de que apuntar mis reflexiones, interrogantes y experiencias, como vengo haciendo, está muy bien, pero lo que necesito es compartirlas. Creo que Medium es el sitio adecuado, hace tiempo que sigo esta plataforma de *blogging* y ahora siento que es el momento de participar también en sus contenidos.

12
Medium: De un jefe a un coach o mentor

Hace días que le doy vueltas a este tema y quiero compartir mi reflexión aquí. Confieso que es la primera vez que escribo algo en esta plataforma, que sigo y leo desde hace un tiempo con interés, y espero no defraudaros.

Se trata de una reflexión sobre el mundo de la empresa, el liderazgo y la gestión de equipos de trabajo. No tengo mucha experiencia, porque la verdad es que estoy dando mis primeros pasos. Pero justamente por mi condición de novato o principiante me doy cuenta de algo obvio, que pasa desapercibido en las empresas tradicionales organizadas de forma jerárquica o piramidal.

Me refiero a la figura del jefe, al lugar que ocupa y a la función que tiene una persona responsable de un equipo de trabajo. El casposo concepto de jefe ya ha quedado completamente obsoleto y debería estar superado. No sirve de nada tener a un sargento a tu lado que solo sabe gritar y darte órdenes. Y si además se da el caso de que tampoco valora tus ideas ni le saca partido, ya tenemos un claro ejemplo de la peor clase de jefe. Me refiero a ese tipo de jefe, claro está, que te repite cada vez que puede la muletilla del tipo «no te pagamos para que pienses, tú solo haz lo que se te ordena».

Cuando un jefe trata de esta manera a una persona que forma parte de su equipo, lo único que consigue es desmotivarla, que pierda el entusiasmo y la ilusión por lo que hace, cuando no algo mucho peor. Porque cuando no valoran tu trabajo ni tus ideas, ni tienen en cuenta tu opinión siquiera, acabarás por creer que en realidad no vales para eso y por no valorarte a ti mismo correctamente. Y así todo lo bueno que tienes para aportar al equipo de trabajo, y en definitiva a la empresa, quedará sepultado bajo la inseguridad y la desgana que tu jefe te ha inculcado.

Nada. Eso es lo que consigue un jefe que solo da órdenes y te regaña por tus fallos o tus errores, sin tener en cuenta tus logros ni valorar tus ideas, tus capacidades o lo que puedas aportar. Nada bueno, quiero decir. Lo único que consigue esta clase de jefe es hundirte, nada más.

Peter Drucker, uno de los mayores expertos en dirección de empresas del mundo, lo decía hace años con claridad: «Nadie debería ser nombrado para una posición directiva, si su visión se enfoca sobre las debilidades, en vez de sobre las fortalezas de las personas». Y eso me recuerda un consejo de Mark Twain que leí no hace mucho: «Mantente alejado de aquellas personas que tratan de menospreciar tus ambiciones. Las personas pequeñas siempre lo hacen, pero los verdaderamente grandes te hacen sentir que tú también puedes ser grande».

Un mal jefe o un jefe en el sentido tradicional es una de estas personas pequeñas de las que hablaba Mark Twain que coarta tus potencialidades y te frustra, una persona pequeña de la que conviene alejarse. Un buen jefe, por el contrario, es un grande

que te hace sentir grande a ti también y te ayuda a conseguirlo.
Jack Welch, otro experto en el tema, también dice algo similar:
«Seguramente no hay nada peor en el mundo de los negocios
que trabajar para un jefe que no quiere que triunfes».
Creo que la noción de jefe en el siglo xxi debería ser reempla-
zada por la figura de un coach o la de un mentor. Alguien que
comparte lo que sabe, que te brinda su experiencia y sus conse-
jos. Alguien que valora tus capacidades, focaliza tus potenciali-
dades y te ayuda a sacarles el mayor partido. Alguien que te em-
puja a ir siempre más allá, que te lleva a asumir nuevos retos y,
sobre todo, que te hace creer que puedes lograrlo. Porque así es
como lo conseguirás.

13
El impacto

Odio quedarme bloqueado con las cosas que no puedo resolver, en lugar de seguir adelante, pero en este caso creo que no puedo superarlo. Supongo que aún sigo esperando algún tipo de reconocimiento por parte de los jefes, Vidal y Arturo, por el trabajo bien hecho. Y debería pasar página, porque estoy completamente seguro de que eso no sucederá. Ni siquiera recibiré el más mínimo comentario elogioso.

Sin embargo, una semana después de lanzado el gráfico interactivo sobre energías renovables en nuestra *home*, aún sigue teniendo el mismo impacto que el primer día. Incluso más, porque continúa propagándose en las redes sociales y haciendo crecer exponencialmente el número de visitas de la web. Un impacto del que solo se beneficia la edición digital de *Semana Financiera*, y por supuesto su edición en papel indirectamente. Pero yo no gano absolutamente nada, porque el crédito de la idea original aquí pasa desapercibido.

Esa ironía es la que me pone los nervios de punta y me carga de ansiedad. Tengo veinticuatro años, llevo un mes como responsable del área digital de un prestigioso semanario económico y nadie me hace el menor caso, ni me tienen en cuenta. A este ritmo me voy a hacer viejo sin llegar a ningún sitio. De todo eso me quejo con Valentina junto a la máquina de café y ella me mira divertida. No me entiende, o le hace gracia mi impaciencia.

—¿Y a mí qué me cuentas, Mateo? Yo tengo 38, una hija que mantener sin ayuda porque el padre lleva meses en el paro y no me pasa la pensión, y un puesto de redactora de mesa en el que llevo tantos años estancada que ya perdí la cuenta.

—Tienes razón, perdóname. Soy un desconsiderado —le digo, arrepentido de veras por haberle calentado la cabeza.

—No te preocupes, no pasa nada. Si yo no me quejo, pero tú tampoco lo hagas, que tu situación es envidiable en comparación. Ya tendrás muchas oportunidades de demostrar cuánto vales. No seas tan impaciente. Yo tuve que pringar casi tres años como becaria hasta que me tuvieran en cuenta, ¿sabes?

—Guau. Debió de ser duro, ¿no?

—Ni te imaginas. Mira, se me acaba de ocurrir una cosa. ¿Le has echado un vistazo a los Premios de la Fundación Nova? Recuerdo algunos trabajos de los ganadores del año pasado, y la verdad es que el curro que os habéis pegado con Luis de energías renovables da completamente el pego.

—¿Te parece?

—Y tanto, prueba y no te desanimes —me dice con un guiño—. Si aquí no obtienes el reconocimiento que mereces, búscalo por fuera, Mateo, pero no dejes que te hundan, tienes todo por delante.

Le agradezco el consejo y regreso a toda prisa a mi ordenador, a ver de qué se trata. Entro al *site* de la Fundación Nova y busco las bases de sus Premios de Periodismo Digital. Entre las categorías hay al menos un par en las que podríamos participar: infografía y periodismo de datos. Repaso los ganadores de las ediciones anteriores y me doy cuenta de que Valentina está en lo cierto. Salvo dos trabajos que me deslumbran por su despliegue, aunque situados en la categoría de diseño y reportaje de investigación, nuestro gráfico interactivo de energías renovables está perfectamente a la altura. Incluso podría haberse llevado el premio de la última edición, si lo hubiéramos presentado a concurso.

Con solo esta chispa de ilusión, ya me siento eufórico. Le envío un WhatsApp a Valentina y trato de poner mi cabeza en orden para determinar cuáles son los pasos a seguir.

Mateo
A por un PREMIO NOVA!!!
Gracias, eres la mejor...

                                        Valentina
                              Jajaja, lo sabía 😜

Releo las bases, tomo apuntes y comienzo a darle vueltas a varias ideas para posibles despliegues infográficos. Sin embargo, ahora el tema prioritario es el tacto y la diplomacia. O la mano izquierda tal vez, no lo sé. Me pregunto cómo conseguir la autorización de Arturo para que pueda presentarme a este reto en representación de *Semana Financiera* con la absurda «cadena de mando» de corte militar que ha impuesto Vidal en la redacción. Si quiero tener la mínima posibilidad de conseguirlo, la comunicación directa con el director está descartada de antemano.

Me lo tomo con filosofía y antes del almuerzo me acerco al escritorio de Julián. Tras superar un «ni lo sueñes» como primera reacción del segundo de a bordo y diez minutos de sermón consigo a regañadientes la promesa de que se lo comentará a Vidal. Otro tanto hago con el jefe de redacción minutos antes de la reunión de consejo por la tarde:

—¿Te comentó Julián lo de los Premios Nova?

Vidal resopla y me responde con un gesto afirmativo. No hace falta que me diga lo que opina, porque lo imagino. Pero, en lugar de rechazar mi propuesta, deja abierta la puerta.

—Ahora se lo comento a Arturo a ver qué opina y te decimos algo —me dice, y se mete en la sala de reuniones.

Me quedo en vilo el resto de la tarde, hasta que el director me palmea la espalda al irse. Sin detener su marcha rumbo a la puerta, se gira y me dice:

—Tiene buena pinta, Mateo, adelante. Luego me comentas los detalles y nos presentamos a estos premios.

@MateoMillennial
Cuesta muy poco motivarnos: una palmada en la espalda, un desafío y poco más
#diariodeunmillennial #millennials

14
La frustración

—Hacía tiempo que no regresaba a este bar. Antes veníamos todos los miércoles, la copa después del cierre semanal era sagrada. Hasta el *dire* se pasaba por aquí después de algún cierre difícil para brindar con nosotros y descargar un poco la tensión acumulada —me cuenta Luis, con cierta nostalgia.

Contra todo pronóstico, ha aceptado mi invitación a una cerveza de final de jornada sin rechistar. Pero la cerveza se ha convertido en un gin-tonic para cada uno, para no perder la tradición, según Luis, que a mí, con el estómago vacío, me están sentando como dinamita.

Luis me ha escuchado en silencio un largo rato, mientras le contaba sobre los premios de periodismo digital y la autorización de Arturo para que presentemos la candidatura de la edición *online* de *Semana Financiera*. Le he explicado al detalle las bases de la convocatoria, que cierra en un par de semanas, con el requisito de que se presenten trabajos inéditos o de reciente publicación a la fecha indicada. Aunque quizá no soy del todo explícito, el mensaje es obvio: le estoy proponiendo que trabajemos juntos un amplio reportaje infográfico, en la misma línea del que nos curramos la semana pasada, para presentar a concurso.

Sin embargo, Luis solo rompe el silencio para soltar ese comentario sobre el bar al que hacía mucho que no venía y el ritual de la copa la noche de cierre que la redacción ya no celebra.

—Pero no me dices nada... ¿Cómo lo ves? —lo presiono.

—Pse... bueno. Vamos allá, Mateo, cuenta conmigo. Nos presentamos a los premios, pues.

—No pareces muy entusiasmado.

Luis le da un buen trago a su gin-tonic, deja la copa en la barra y suelta un suspiro.

—Estoy muy quemado, la verdad —confiesa—. Tú también lo estarás de aquí a unos años, ya verás.

—¿Y eso? ¿Por qué lo dices?

Hace un gesto con las manos como si barriera mi desconcierto y niega con la cabeza.

—Mira, Mateo, ¿sabes lo que pasa? Yo entiendo tu motivación, tus ganas de hacer cosas, de que te valoren, de progresar... Pero es que no va a cambiar nada; la energía, el esfuerzo y la ilusión que le pongas a todo esto no va a servir para nada. No quiero desengañarte, pero es así. Mira, yo, hace diez años, estaba igual que tú, lleno de ambición, con ganas de hacer cosas importantes, de obtener reconocimiento... y ahora aquí estoy, ya me ves.

Luis vuelve a coger su copa y prosigue.

—Recuerdo que hasta me llevé una mención en los premios de periodismo de la ciudad con un reportaje sobre evasión fiscal. Debería tener tu edad más o menos. No sabes lo difícil que me lo puso entonces Vidal, al que recién habían fichado de otra cabecera como jefe de redacción. Entonces el periódico salía de lunes a viernes, con mayor número de páginas, y éramos una plantilla importante, pero siempre íbamos desbordados de trabajo, había muchísimo trabajo. La investigación para aquel reportaje la hice quedándome hasta las tantas y trabajando los fines de semana, porque Vidal me quería para la brega del día a día. Los especiales, los reportajes de investigación, eran un privilegio de unos pocos con galones, a los que liberaban de la carga diaria. Yo era «el nuevo», como tú ahora, y no estaba para eso. Saqué horas de donde pude y acabé aquel reportaje. ¿Y de qué me sirvió todo aquello?

Hace una pausa para dar algo de suspense, pero no pretende que conteste. Yo doy cuenta de mi gin-tonic, y respondo de todos modos la pregunta retórica como una invitación a que acabe la historia:

—Te sirvió como experiencia y para ganar una mención en los premios de periodismos de la ciudad.

—No me sirvió de nada, Mateo, de nada. Me llevé unas palmaditas en la espalda con la distinción y nada más. Al otro día estaba picando piedra en la redacción como siempre. Y aquí me tienes, casi diez años después en el mismo sitio. Bueno, para ser sincero, supongo que de algo me habrá servido todo aquello. Supongo que esos méritos me salvaron del despido, porque a partir de allí comenzaron los recortes, las bajas incentivadas y los despidos hasta acabar en la redacción minimalista que tenemos ahora y la edición casi testimonial del *Semana Financiera* que sacamos a la calle cada jueves.

Luis me mira a los ojos y dispara la última bala de la derrota:

—Al periodismo que conocimos, el que nos enseñaron y queríamos hacer, le quedan dos telediarios, Mateo. Esto se acaba, es el fin. Ahora el silencio se hace más espeso y no sé qué decir. Pero siento que la copa me desata la lengua, además de marearme. Lo invito a otra ronda y le suelto un rollo larguísimo para levantarle el ánimo sobre el cambio de paradigma digital, sobre las nuevas oportunidades que nos brinda la crisis y sobre la transformación del periodismo. La profesión no muere, le digo, sino que se transforma en la era del *big data* con la infografía, el periodismo de datos y el lenguaje audiovisual en la red. Esta es nuestra gran oportunidad de comenzar a explorar esos terrenos para sacarles provecho.

A los quince minutos de rollo me doy cuenta, por las breves réplicas de Luis, que su frustración responde a una suma de factores, no solo al estancamiento del semanario. Hace más horas en la redacción que un reloj y casi no tiene vida privada. Lo que le apasiona, en realidad, no es el periodismo económico, al que llegó a especializarse casi por casualidad, sino el periodismo narrativo y de investigación. O incluso la crónica de viaje. Y para colmo su pareja, que trabaja para una ONG, hace unos meses que se instaló en Senegal.

Sin embargo, yo sigo con mi rollo cada vez más persuasivo y le planteo todo tipo de posibilidades de futuro, con un premio de la Fundación Nova en su currículum, a las que podrá optar para reorientar su carrera profesional en función de lo que en verdad le interesa. Hasta que mi perorata le desata la risa.

—Vale, vale. Me has convencido, Mateo, para ya. Nos presentaremos a los premios...

15
Los privilegiados

—*Wow*, eso suena estupendo. Vais a triunfar —nos dice Valentina junto a la máquina de café, cuando le contamos lo del reportaje para los premios que estamos preparando.

—Ya, vamos a triunfar, si no morimos en el intento —replica Luis con sorna.

Lleva razón, porque la idea es demasiado ambiciosa para dos personas, no damos abasto. A este ritmo no llegaremos a la fecha límite de entrega para la convocatoria. Nos quedan diez días de plazo y solo tenemos el planteamiento del reportaje y apenas comenzamos la investigación.

El tema sobre el que trabajamos es el mismo con el que Luis se llevó hace unos años una mención en los premios de periodismo del ayuntamiento: la evasión fiscal. Un tema que da mucho de sí, porque ahora, con las nuevas tecnologías, podemos investigar en profundidad. Cosa que a Luis le hace especial ilusión y a mí también me motiva. Me intriga hasta dónde podemos llegar.

En la era del *big data* toda la información está disponible, solo hace falta saber rastrear, filtrar y seleccionar. Para eso hace falta tiempo y energía. Bueno, y también un buen equipo, al que podríamos sumar a Valentina, ¿por qué no? Es ahora o nunca. La urgencia de este proyecto viene dada no solo por la fecha de cierre de la convocatoria a concurso, sino por el contexto de actualidad. Con la polémica amnistía fiscal aprobada por el Gobierno, es el momento óptimo para destapar cuáles son las empresas, grupos financieros y particulares que se acogen a ella, además de los destinos de los paraísos fiscales, en cada caso, que han propiciado la evasión. Y el cálculo global del volumen económico de la operación, entre los capitales blanqueados por el Gobierno y los que permanecen, pese a todo, en los paraísos fiscales. Toda esa información puede combinarse de manera ágil y comprensible en un gráfico interactivo, «solo hace falta echarle horas», nos ha dicho el programador cuando le hemos mostrado los bocetos de nuestra idea. Y a estas horas hay que sumarle las de investigación y redacción de las pequeñas cápsulas informativas.

—Es que vamos un poco pillados, la verdad —retomo la conversación—. ¿No quieres sumarte al equipo? Necesitamos alguien que nos eche un cable en el rastreo de datos. Alguien que se ocupe del *cracking*.

—¡Qué dices, Mateo! Ni que yo fuera una *hacker* experimentada —protesta Valentina entre risas. Pero su risa tiene mucho de entusiasmo, lo noto. Se siente halagada por la propuesta.

—Lo de *cracking* es una manera de hablar —me corrijo—. No se trata de hacer nada ilícito, ni de jugar a Wiki-Leaks. Es toda información de dominio público, pero hay que dar con ella en un océano de datos.

—Y para eso necesitamos ayuda o más tiempo, porque no llegamos —completa Luis.

—Me imagino. —Valentina acaba su cortado de un trago y se pone seria—. Me muero de ganas de trabajar con vosotros, ¿pero sabéis cuál es el problema?

—Ya, sí. Lo sabemos, no te preocupes —dice Luis asintiendo por los dos, mientras le palmea el hombro. Yo, en realidad, no estoy tan seguro de saber cuál es el problema, pero me lo imagino.

—¿De dónde saco el tiempo? Vamos de cabeza. Si no me alcanza la jornada para las cosas del día a día, ¿cómo hago para echaros un cable con esta investigación? Tendría que quedarme después de la jornada o trabajar los fines de semana... y ¿cuándo estoy con la niña? Además, tendría que tirar de canguro y no me da el presupuesto, porque a mi madre ya no le puedo pedir más. Pobre mujer, bastante ya me ayuda, que la recoge del *cole* cada día y se queda con ella hasta que regreso a casa.

—No te preocupes, Valentina, que lo entendemos...

—Ni hablar —zanja Luis, y yo confirmo mi sospecha—. Oye, y aquella conciliación laboral que habías hablado con Arturo, ¿en qué quedó? —añade Luis preocupado, porque la nota agobiada.

—Lo de siempre, ya sabes... Primero me dijo que lo iba a estudiar, que le parecía bien que adaptara mis horas en la redacción al horario del *cole* de la niña, y al tercer día que me marché pronto me dijo que no podía ser, que cambiara de profesión, si no podía estar a tiempo completo.

—Vaya cretino.

—Pero va, no quiero desanimaros, que vosotros podéis con todo. No os dais cuenta, pero sois unos privilegiados. No tenéis niños ni ataduras, y además tenéis mucho empuje. Sobre todo tú, Mateo, que este hombre ya tiene una edad —bromea Valentina, y le guiña un ojo a Luis.

—Mira quién habla, la joven becaria —dice Luis picado, y reímos los tres de regreso al trabajo.

Es cierto que necesitamos ayuda, o al menos que nos liberen un poco de la sobrecarga de trabajo para echar a rodar este reportaje especial, pero también es cierto lo que dice Valentina. Somos unos privilegiados, en eso me quedo pensando. Sobre todo yo, lo reconozco, porque Luis tampoco va muy sobrado de entusiasmo y ambición, a estas alturas, y tuve que convencerlo para que nos presentemos a los Premios Nova.

EVERNOTE: MI DIARIO

Valentina no lo tiene nada fácil para conciliar trabajo y maternidad. Y el suyo es el caso de muchos padres y madres, no es ninguna rareza. Por no hablar de los que tienen personas mayores a su cargo o no llegan a fin de mes y deben recurrir al pluriempleo para pagar la hipoteca, el canguro, las extraescolares o lo que sea. Mi generación aún no tiene todas esas cargas, muchos ni siquiera pagan alquiler porque viven con sus padres, aunque no debería ser así. Podemos dedicarnos en exclusiva a nuestra profesión, sin ataduras ni limitaciones, y además contamos con el empuje, la ambición y el entusiasmo de la juventud. Sin contar con que estamos de sobra capacitados para cualquier desafío. En ese sentido somos unos privilegiados, es cierto. Tomar contacto con la realidad del mundo laboral te ayuda a cambiar el chip y a valorar lo que tienes.

16
El desengaño

A este ritmo no vamos a llegar a la fecha de entrega. La ansiedad me está matando y el ambiente en la redacción es cada vez más tenso. Nos queda menos de una semana para presentar nuestro reportaje a los Premios Nova y necesitamos ayuda. Eso es evidente. O, al menos, algo de complicidad y comprensión. Debo hablar con Vidal para que nos libere de trabajo a Luis y a mí, porque tengo la sensación de que está sucediendo justo lo contrario. Parece que, en lugar de echarnos una mano, cosa que necesitamos, nos ponen palos en la rueda. En especial Julián, ni que lo hiciera a propósito.

Ahora le está echando una bronca a Luis, creo que por el reportaje de apertura de la edición impresa de esta semana porque, al parecer, no tiene el enfoque adecuado. «El problema es que no estás por lo que tienes que estar», escucho que le dice desde mi escritorio. Y es curioso porque resulta exactamente el mismo regaño que me soltó ayer a mí por una tontería en nuestra *home*. La actualización de cotizaciones bursátiles con una errata en la datación. Una verdadera nimiedad sin mayor importancia, pero de eso Julián hizo una bola de nieve.

A tal punto que luego se lo comentó a Vidal, al mejor estilo *acusica* o chivato, como si se tratara de un gran fallo y no de una simple errata. Y Vidal de pasada me pidió que pusiera «más atención, porque este tipo de errores, insignificantes en definitiva, pero fácilmente evitables, van minado nuestra credibilidad informativa». Me lo dijo con cierto retintín y guiñándome un ojo, pero lo suficientemente alto como para que lo escuchara Julián y el resto de la redacción. Estaba claro que lo hacía más para contentar a su segundo de a bordo, y para que no le tocara más las narices por semejante tontería, que para regañarme a mí en toda regla.

Pero lo cierto es que hoy Julián está exagerando otra vez las cosas y repite con Luis la misma escena de ayer. Ahora se acerca a la mesa de Vidal y se queja con él. Gesticula, señala con el brazo en dirección a la mesa de Luis y niega con la cabeza. No logro escuchar lo que dice ni las respuestas que le da el jefe de redacción porque hablan en voz baja, pero ambos parecen irritados.

Me voy a buscar un café a la máquina y al cruzar una mirada con Luis noto su cara de agobio. Va desbordado y me sabe fatal, porque yo lo he liado con el reportaje infográfico para presentarnos a los premios. Y claro que no está por lo que tiene que estar, porque está por algo mucho más importante. Está por un innovador reportaje digital interactivo que, ganemos o no un Premio Nova, va a suponer mucho para nuestro semanario, solo por presentarlo a concurso. Me dan ganas de decirle algo a Julián, no entiendo cómo no se da cuenta.

Regreso con mi café y por supuesto que no le digo nada a Julián, que sigue discutiendo el asunto con Vidal, porque

no ganaría nada. En lugar de eso, le envió un WhatsApp a
Luis.

Mateo

Menuda bronca. Qué ha pasado?

Es para tanto?

Luis

Qué va... Es un borde, lo hace a propósito

Mateo

Y eso?

Luis

Envidia o celos, nos hace la puñeta xq sabe

q estamos trabajando en algo

Mateo

Pues no podrá con nosotros

A por un Premio Nova!

Luis

Así se habla! 👍

El mensaje de Luis no me sorprende porque esta es la
misma sensación que yo tengo. En lugar de interesarse por
nuestro reportaje gráfico sobre evasión fiscal, echarnos un
cable, cuando más lo necesitamos, y sumarse al equipo, Julián le saca punta a todo lo que hacemos y busca problemas,
como si nos boicoteara. No creo que sea el mejor momento
de plantearle a Vidal la necesidad de ayuda o una descarga
de trabajo para que podamos llegar al cierre de la convocatoria de los premios. Si finalmente nos presentamos, va a
tener que ser sin ayuda, por mérito propio de nuestro pequeño equipo de tres personas, contando al programador.

Sigo trabajando a buen ritmo a pesar de todo, aunque la tensión en el ambiente no disminuye. Y, tras la reunión de la tarde, que no sé si dura más de lo habitual o son imaginaciones mías, Arturo se asoma a la puerta de su despacho, cuando se retiran Julián y Vidal, y llama a Luis. A través del cristal los veo conversar tranquilamente. No me parece que le esté echando la bronca, sino llamando la atención. Incluso los veo reír a los dos, distendidos por alguna broma o comentario gracioso. Pero al salir del despacho del director, Luis me dedica su mejor cara de derrota y me muestra el pulgar invertido. El pulso se me acelera y me imagino lo peor. Y antes de que pueda procesar esta poca información, Arturo se acerca a mi mesa sonriente.

—Mateo, ¿tienes un segundo?

—Claro.

—Mira, me lo he estado pensando mejor y creo que vamos a aparcar el tema de aquellos premios digitales que me comentabas.

—...

—La verdad es que vamos todos un poco desbordados, Mateo, y ahora no es el mejor momento. Ahora lo que necesitamos, más que competir en unos premios, es consolidar el producto periodístico que tenemos entre manos, tanto el tradicional como el digital, y para eso te hemos fichado a ti. No digo que más adelante no podamos hacerlo, quizás en la convocatoria del próximo año. Pero ahora no tenemos ni tiempo ni manos ni recursos para premios. Tenemos que ir todos a una para sacar adelante el semanario, nuestra salud financiera depende de ello. Lo entiendes, ¿verdad?

17

La perseverancia

Valentina me envía un vídeo de Coldplay de YouTube. «Lo primero que tienes que hacer es cambiar de música», me señala en un WhatsApp. «Deja de escuchar esas baladas tristes», añade. Pero no le hago caso, ni siquiera le respondo. Sigo trabajando como un autista con la trompeta y la voz de Chet Baker en los cascos. Me siento completamente hundido. Y tengo la percepción de que el tiempo pasa en cámara lenta. El programador ya ha introducido los últimos cambios en el diseño de nuestra *home* y ahora lo único que tengo que hacer es renovar los contenidos cada día mecánicamente. La noticia de apertura, las de última hora y los reportajes en profundidad de la edición impresa. Luego, compartir esos contenidos en las redes sociales para que suban las visitas a nuestro portal y poco más. Es una tarea repetitiva y tediosa, cualquier persona con un mínimo de criterio podría hacerla en mi lugar.

EVERNOTE: MI DIARIO

Aún no llevo ni tres meses en la redacción de Semana Financiera y siento que más bien trabajo aquí desde hace un año o más. Del entusiasmo y la ilusión de los primeros días no queda nada. Toda la energía y las ganas de hacer cosas nuevas que tenía se fueron al garete con la convocatoria a los Premios Nova, a la que finalmente no nos presentamos, a pesar de lo currado que ya teníamos el proyecto con Luis. Las órdenes del director no se discuten, lleve o no la razón. Arturo considera que no hay recursos ni tiempo material para poner en marcha una infografía interactiva de calidad, para hacer verdadero periodismo de investigación digital, y que las prioridades del semanario son otras. Hay que aceptarlo y punto. Lo hago, pero la sensación que me queda es de completa frustración. No lo entiendo, si lo que quería era una persona que renovara los contenidos de la home y gestionara su presencia en las redes sociales y poco más, para qué me ha fichado entonces. Cualquiera puede hacer eso. Siento que aquí no me dan espacio para crecer, para demostrar lo que valgo, para hacer cosas nuevas y progresar en todo sentido. Aquí no me necesitan. Creo que he cometido un error, este no es mi lugar. Quiero largarme.

Siento que me tocan el hombro y el pulso se me acelera. Cierro la aplicación de Evernote en el ordenador a toda prisa, me quito los cascos y me giro. Alguien a mi espalda me estaba observando mientras escribía, y no me he dado cuenta.

—¿Cómo estás, Mateo? ¿Qué estás haciendo? —La mano que tengo sobre el hombro es la de Vidal. Tiemblo solo de pensar qué ha podido haber leído. Y me arden las mejillas.

—Nada… Nada, estaba… Dime, ¿qué necesitas?

—Te noto un poco disperso —me dice—. Y apagado, además. ¿Te pasa algo?

—Qué va. Estaba concentrado trabajando. No me pasa nada, ¿qué me va a pasar? ¿Por qué lo dices?

Vidal chasquea la lengua y me guiña un ojo. La mano que me había puesto sobre el hombro ahora me palmea. Lo ha leído todo, estoy seguro.

—Ven, te invito a comer. Y no acepto un no por respuesta. Coge tu cazadora.

Media hora después estamos sentados en el mismo bar donde logré convencer a Luis para que nos presentáramos a los premios, y todo eso para nada. No sabía que aquí tuvieran menú de mediodía; la comida es muy buena. Al parecer es «un clásico de la redacción», me dijo Vidal, porque no cierra hasta tarde, las copas tampoco están nada mal y le han cogido cariño.

Lo bueno, en todo caso, es que el tiempo ha comenzado a fluir de nuevo con la charla de Vidal. Desde que Arturo me dijo hace un par de días que me olvidara de los Premios Nova, tenía la sensación de vivir en cámara lenta, y eso ya me estaba agobiando. Como si me hubiera estancado en un *loop* de rutina periodística.

Cuando me quiero dar cuenta, ya estamos por los postres. Tomo un yogurt natural y Vidal, unas natillas. De camino al bar, y mientras esperábamos el primer plato, él me ha contado algunas anécdotas divertidas de redacción y se ha reído un poco de las manías del gran jefe. Después me ha sometido a un verdadero interrogatorio de tercer grado, como si quisiera saberlo todo de mí, sobre todo de mi vida en Boston, cuando hacía el posgrado en marketing digital, y también del medio año de prácticas que pasé en Singapur. Me ha ido bien hablar un poco y romper el autismo en el que había caído.

Ahora Vidal recupera el protagonismo de la charla y me cuenta viejas batallitas «de los tiempos del fax», como diría mi colega Álex. Se pasó un año de prácticas «encadenado» a la máquina de teletipos en el primer periódico donde trabajó. Después fue sumando sustituciones y reemplazos durante otros cuatro años, en los que pasó por todas las secciones e hizo de todo, incluso redactar esquelas fúnebres, hasta que llegó su primer contrato fijo.

—No te puedes imaginar lo que tuve que pringar y la de tinta que sudé hasta poder firmar mi primera pieza de información general. Me acuerdo como si fuera hoy... fue un faldón pequeñito en local sobre una huelga de sanitarios. Para entonces ya había gastado las suelas de los zapatos haciendo periodismo de calle, y acumulaba más horas que un reloj entre guardias de fin de semana y de cierres de madrugada.

—¿Por qué me cuentas todo esto? ¿Qué me quieres decir? —le suelto de pronto a mi jefe y me arrepiento en el acto.

—¿No lo sabes, de verdad?

Vidal levanta una ceja y me mira divertido. Me arden otra vez las mejillas. No sirve de nada que me haga el desentendido, porque comprendo perfectamente lo que Vidal me está diciendo, por simple comparación entre sus inicios laborales y los míos.

—Yo sé lo que te pasa, Mateo, no hace falta que disimules conmigo. Estás hundido porque no nos presentaremos a esos premios digitales. Crees que te quedarás anclado en tu puesto sin posibilidad de progresar y eso te agobia. Incluso ya estás pensando en largarte, ¿o me equivoco? —No hace falta que responda, porque Vidal interpreta mi gesto—. Mira, voy a serte franco y un poco rudo también, porque quiero que cambies esta actitud, que no me gusta nada. Yo no sé qué te han enseñado en la facultad sobre nuestra profesión, Mateo, pero esto es la vida real. El periodismo no es un concurso de la tele en el que te presentas, demuestras lo que vales y ya eres una estrella, esto no funciona así. Aquí hay que currárselo durante años, acumular experiencia y ganarse el respeto de los colegas, trabajar duro y perseverar, sin perder la ilusión del primer día. Si perseveras y no te rindes, llegarás lejos. Solo hace falta un poco de criterio y una pizca de olfato periodístico, y de eso tú vas sobrado y lo sabes. Ya lo demostraste con creces con el gráfico sobre energías renovables que te has currado con Luis y con esa rapidez de reflejos que mostraste al cambiar la apertura de la web con el tema de las pymes. A pesar de que me haya cabreado tanto que le pidieras una columna de opinión a Irene sin consultármelo.

Al escuchar esto, mi cara seguramente se deforma en una mueca de asombro, porque Vidal rompe a carcajadas.

—Que te eche la bronca no significa que no reconozca tus méritos, Mateo. Lo cortés no quita lo valiente, decía mi abuela. Mira, tú estás mucho más preparado y mejor formado de lo que estaba yo a tu edad, tienes todo lo que hay que tener para ser un buen periodista y, además, te has especializado en el entorno digital, que es hacia donde nos dirigimos, nos guste o no. Vas a llegar muy lejos, Mateo, no te impacientes. Solo te hace falta trabajar una cosa: la perseverancia. Pero estás de suerte, porque de eso yo te puedo enseñar un poco. Y ahora, basta de sermones y a trabajar. Venga, que nos tomamos el café de camino a la redacción.

Vidal me da una palmada en el brazo, se pone de pie haciéndole una seña al camarero para que traiga la cuenta.

18
Algo en común

De vuelta a redacción con Vidal, nos desviamos unas calles a por ese café postergado, ya que en la cafetería que nos queda de camino no había ni una sola mesa libre. A los pocos metros Vidal se queda embobado frente al escaparate de una tienda deportiva. Regreso junto a él al darme cuenta de que le he sacado unos pasos de ventaja, y lo veo absorto.

—¿Qué miras? —le pregunto.

Vidal se gira y me señala con un gesto las zapatillas de *correr* de última generación que destacan en el centro de las prendas en exposición.

Le brillan los ojos como a un niño ilusionado. O quizá sea por la nostalgia de lo que echa de menos, porque suspira y niega con la cabeza. Supongo que será por eso, porque no están nada mal de precio, al contrario, y se ven estupendas.

—No sabía que corrías —digo de pasada. Pero de hecho es lógico que corra, pienso, porque se mantiene en buen estado a esa edad en la que muchos, además de perder el pelo, suelen echar barriga.

—Pues, así como me ves, hace cinco años hice una media maratón y acabé con el primer pelotón.

—Guau. Somos dos entonces, aunque te confieso que mi media fue más bien regulín, y no digo fatal porque no llegué a cruzar la línea de meta con los últimos rezagados, pero casi —me sincero, y se me escapa una carcajada.

—¡No me digas! ¿De veras? Yo hace tiempo que no salgo, la verdad, y eso me mosquea. Siempre surge algo en el último momento y lo voy postergando. Antes salía tres veces por semana.

—Es cuestión de retomarlo —le digo, a sabiendas del bien que nos hace a muchos esta válvula de escape, no solo a nivel físico, sino también para despejar la mente y recargar las pilas—. Yo al menos una vez a la semana salgo como sea.

—Ya, pero es que además mis zapatillas ya están destrozadas. Necesitaría unas naves espaciales como estas para motivarme —me dice Vidal.

Y ahora sí que me mira como un niño travieso por lo que está a punto de hacer. Da gusto verlo así, no se parece en nada al jefe gruñón que vemos en la redacción día a día.

—¿Y a qué esperas? —le digo, y Vidal no se hace de rogar.

A los pocos minutos sale de la tienda con sus deportivas nuevas en una bolsa y una sonrisa radiante en el rostro.

—Sabes lo que te digo, Mateo, que como tú eres el responsable de mi regreso a las pistas, te voy a cursar una invitación formal a que salgamos juntos a estrenar estas maravillas que me acabo de comprar, ¿qué te parece? —me suelta esa parrafada de corrido, casi sin respirar, como si se avergonzara un poco de la proposición.

—Trato hecho —le digo, sin pensarlo dos veces.

Hace mucho que no voy a correr en equipo, si mal no recuerdo, desde aquel semestre de prácticas en Singapur cuando corría con un par de compañeros de la empresa, y un poco de motivación extra nunca viene mal. Aunque bien pensado, no sé si estoy haciendo lo correcto. ¿Qué dirán en la redacción de *Semana Financiera* si se enteran de que salgo a correr con Vidal? Pues que soy un pelota, claro, qué van a decir. En fin, ya he aceptado su invitación y ahora no me puedo echar atrás. Me dan igual los cotilleos de los compañeros.

El café y el regreso al trabajo siguen en ese plan, entre bromas, risas y anécdotas cruzadas sobre aficiones que compartimos. Y al llegar al periódico, el buen rollo de Vidal en el ambiente fúnebre de la redacción desentona más que un *emo* en un concierto de la Filarmónica de Berlín. Vidal remata con una carcajada la historia que me estaba contando en el ascensor sobre la vez que estiró al máximo un intervalo de carrera en el umbral anaeróbico.

Desde el extremo opuesto de la redacción, Julián lo llama impaciente, sacudiendo un dosier sobre su cabeza.

—¡Ey, Vidal! Hombre, que te estaba esperando para que resolviéramos esto.

—Ya voy —le dice, y dirigiéndose a mí, mientras me palmea el hombro—: Venga, a trabajar, Mateo, que ahora también nos toca correr, pero sobre otro terreno.

De camino a mi escritorio me cruzo con Valentina, que viene con su café de la máquina, y me guiña un ojo. Antes de que reinicie el ordenador, me suena el WhatsApp.

Valentina
Great! Parece que has hecho
buenas migas con Vidal

Mateo
Ya, eso parece, sí

Valentina

Me gustaría hablar con ella en privado para saber si me ha hecho este comentario sin malicia, ni retintín, pero ahora es imposible. Conociendo a Valentina me imagino que no, que en verdad se alegra por mí del buen rollo de Vidal, pero como en los mensajes se pierde la entonación y los gestos, me queda un resquicio de duda. Siento que el ambiente laboral está tan viciado aquí que cualquier distensión de los ánimos despierta sospecha.

@MateoMillennial
Una buena relación con el jefe debería ser una norma de toda empresa, no una excepción a la regla
#diariodeunmillennial #millennials

19

Los verdaderos cambios

La velocidad de reacción de nuestra *home* ya es una cuestión que preocupa y además me desmoraliza. Vamos siempre tarde con las noticias de última hora y encima tampoco compensamos ese retraso con algún tipo de contenido extra, como un gráfico o un análisis en profundidad, una columna de opinión o el añadido de material audiovisual, que nos diferencie del resto de medios digitales. Si la web de *Semana Financiera* ofreciera algo más que la noticia desnuda, sería comprensible la demora, pero por lo general no es así.

En la era digital el flujo constante de información en tiempo real es una premisa básica de todo medio en línea, pero eso no garantiza nada porque llevar un portal al día no es suficiente, hace falta algo más. Y lo peor de todo es que tengo la sensación de que nuestra *home* no solo no está ofreciendo ese contenido extra imprescindible, sino que además vamos a una velocidad de tortuga mientras los demás corren en Ferrari.

«Tienes que seguir el protocolo, Mateo; tú no vas por libre. En la reunión de la tarde lo planteo y te digo algo. Ahora te esperas», me dijo ayer Julián con muy malos modos cuando le comentaba por la mañana la necesidad de modificar un titular con las últimas declaraciones del presidente de la Cámara de Comercio. La idea era ampliar la noticia y darle una mayor relevancia entre los titulares de apertura al ritmo que manda la actualidad, pero el dichoso protocolo y la rigidez de criterio del segundo de a bordo retrasó todo este plan. Cuando finalmente me dio la autorización, esa noticia ya había quedado vieja, sepultada por el incesante avance informativo del día.

En lugar de potenciar las actualizaciones al minuto, la edición digital de *Semana Financiera* se renueva en cuestión de horas. Y así no hay manera de competir con otros medios de información económica o, incluso, de información general en la red, que nos sacan continuamente ventaja.

A pesar de esto, nuestro número de visitas no deja de crecer a un ritmo modesto, pero sostenido. Y otro tanto sucede con las noticias de nuestra *home* compartidas en las redes sociales, que también van en aumento. Creo que la renovación de nuestro portal, con el cambio de diseño, ya está dando sus frutos. Pero, para seguir esta tendencia de expansión digital, ahora deberíamos centrarnos en mejorar nuestra velocidad de reacción a la actualidad. Una vez conseguido esto, el siguiente paso sería ofrecer contenidos extras que nos diferencien de los demás digitales económicos.

—Es bueno tu análisis, creo que tienes razón, Mateo. Sin duda, la rapidez en las actualizaciones no es nuestro fuerte y eso es lo primero que deberíamos mejorar —me dice Vidal, mientras abre una lata de refresco.

Se acercó a mi mesa para pedirme que modificara un titular que no era del todo preciso, pero a juzgar por el mínimo cambio de matiz en un verbo me parece que era una mera excusa para darme charla. En concreto, para decidir cuándo salíamos a correr, porque se muere de ganas de estrenar sus nuevas zapatillas. Hemos quedado el sábado por la mañana en el parque de la avenida, que tiene un perímetro amplio y no hay muchos corredores con quienes compartir el carril. Y yo he aprovechado esta breve pausa para soltarle todo el rollo de nuestra *home*.

—Pero, ¿sabes cuál es el peligro? —retoma tras el primer sorbo de refresco—. Que la inmediatez informativa también trae consigo cierta pérdida de rigor. Hace falta un mínimo de tiempo para chequear la noticia, cotejar las fuentes, calibrar el enfoque que le vamos a dar... Para reacciones instantáneas ya está Twitter, y así va todo aquello. La credibilidad y el rigor son los principales activos de esta cabecera y eso no lo podemos perder.

—Ya, te entiendo. Pero tampoco es para tanto, lo dices como si fueran a colarnos una *fake news* por darnos un poco más de prisa con las noticias de última hora —le replico—. Claro que debemos ser cuidadosos, pero lo que digo es que no podemos salir por la tarde con una noticia que todo el mundo dio a media mañana, debemos ofrecer algo más que nos diferencie del resto de cabeceras digitales.

—Es verdad. Pues mira, vamos a potenciar un poco la celeridad. Lo hablaré con Arturo a ver qué le parece, ¿de acuerdo?

—Estupendo —le digo, justo cuando Julián lo viene a buscar.

El segundo de a bordo me pone cara de fastidio y resopla como si estuviera distrayendo al jefe de redacción de lo realmente importante.

—Vidal, ¿tienes un minuto? —le dice cogiéndolo del brazo, sin dejar de mirarme mal.

Son imaginaciones mías, me digo volviendo a la pantalla, ante un hecho más que notorio. Julián está cada vez más borde conmigo, como si me estuviera cogiendo manía. Un cambio de actitud que percibo desde que Vidal me invitó a comer el otro día. Cuando comenzó a mejorar mi relación con el jefe de redacción, paradójicamente Julián ha empezado a tratarme mal, cosa que me da qué pensar. Supongo que no se puede estar a buenas con todo el mundo, pero tampoco es plan de alimentar rencillas o rencores sin motivo.

No me como más el coco con eso y me concentro en el trabajo, pero media hora después tengo una nueva confirmación a mis sospechas. La salida de tono de Julián es evidente, incluso levanta el tono de voz más de lo necesario para hacerme un reproche injustificado:

—A mí no me vengas con prisas, Mateo, has estado de tertulia toda la mañana y ahora estoy ocupado. Te esperas y punto —me dice, agitándome en las narices el texto impreso en un par de folios que está corrigiendo con un boli rojo.

Yo solo le pedía que le echara un vistazo a las noticias de agencia que acababan de salir para que me autorizara a subir cuanto antes un avance a la *home,* pero eso ahora no va a poder ser porque no está por la labor. La necesidad de mejorar nuestra velocidad de respuesta frente a la avalancha informativa, de la que hemos hablado hace un rato con Vidal, se queda en papel mojado al primer intento. Está claro que los verdaderos cambios que necesita nuestra edición digital para mejorar no tienen que ver solo con las cuestiones técnicas o con la renovación de los contenidos, sino con las dinámicas de trabajo.

@MateoMillennial
El trabajo en equipo requiere la implicación y colaboración de todos, sin eso ningún cambio es posible
#diariodeunmillennial #millennials

20
Molinos de viento

—¿Y tú qué le has hecho a Julián que últimamente te trata de esa manera? —me pregunta Irene tras los buenos días, mientras enciendo mi ordenador.

Somos los dos primeros en llegar por la mañana y me doy cuenta de que saca el tema sin rodeos, aprovechando la intimidad de la redacción vacía. Un tema delicado, porque no hay duda de que mi relación con Julián va de mal en peor y ya no sé qué hacer para revertirlo.

—¿Tú también lo has notado? Creía que eran imaginaciones mías y no quería ponerme paranoico —le confieso.

—Y tanto que lo he notado. Madre mía, si a mí me hablara en ese tono, yo le cantaría cuatro frescas, ya te digo. Pero, ¿qué le has hecho, Mateo, para que esté tan enfadado contigo, si tú eres un encanto?

—Pues no lo sé, la verdad. No tengo ni idea.

—Uhm… —Irene me mira entrecerrando los ojos, como si resolviera una ecuación matemática—. ¿Sabes lo que pienso? Que Julián está celoso, porque también es cierto que hace días que Vidal te hace mucho más caso a ti que a él. O se siente inseguro, tendrá miedo de perder sus prerrogativas de segundo de a bordo.

—Vaya tontería, como si yo intentara ocupar su puesto. Es absurdo —le digo.

Aunque si lo pienso un poco, no veo que sea ninguna tontería lo que me dice Irene. Algo por el estilo me dio a entender ayer Valentina junto a la máquina de café, después de que Julián me echara la enésima bronca del día sin motivo aparente. Supongo que no hay otra explicación para que Julián se oponga, sin pensárselo demasiado, a toda idea o propuesta que planteo para mejorar la web. El *no* le sale como respuesta automática y no me deja siquiera acabar de explicar nada.

—Ya, pero es que lo estás haciendo muy bien con el digital, Mateo, y Vidal te tiene cada vez más en cuenta. Eso es evidente, así que no te hagas mala sangre, que a Julián ya se la pasará en cuanto vea que no vas por ahí.

—Supongo que tienes razón, espero que se le pase pronto porque me está resultando muy duro trabajar así. De todos modos, gracias Irene por lo que me dices. Eres la única persona aquí que me da algún tipo de *feedback* positivo por los cambios en la web.

—Ya lo sabes, *No news, good news*. Es la regla de oro de nuestra profesión —me dice guiñándome un ojo.

—No lo olvido.

—A ver cuándo me pides otra columna de opinión para el digital como aquella de las pymes, ¿recuerdas? Que me tienes castigada y lo echo de menos —añade risueña, porque sabe que, si por mí fuera, publicaría al menos una columna suya cada semana.

—Ya me gustaría a mí, pero si Julián sigue en este plan de rechazar cada cosa que propongo, lo tengo crudo.

—Lo sé, no te preocupes. Ya se le pasará, tú tranquilo —zanja conciliadora.

Ojalá que Irene esté en lo cierto y a Julián se le pase pronto este mal rollo que gasta conmigo. Porque de momento, su actitud negativa es el principal obstáculo que veo para comenzar a renovar en profundidad los contenidos de nuestra *home*. Hoy, sin ir más lejos, me dijo Vidal que iban a valorar en la reunión general los cambios de diseño introducidos hasta ahora. Y de paso, también me prometió que iban a discutir en detalle con Arturo cada una de las ideas y propuestas que le pasé en un informe para mejorar nuestros contenidos digitales.

Algunas de esas propuestas, como el tema de los gráficos interactivos o las breves columnas de apoyo de análisis u opinión en las principales noticias, ya las hemos probado con éxito y solo hace falta implementarlas con cierta regularidad. Otras, en cambio, como la necesidad de incrementar paulatinamente los contenidos audiovisuales de la web, son nuevas. La idea, en este caso, es destacar mucho más los vídeos de agencias y cadenas que subimos a nuestra *home* y darles prioridad. Eso en una primera fase, porque en una segunda, que confío que será a medio plazo, la intención es que comencemos a producir nuestras propias cápsulas audiovisuales. A Vidal en concreto esta propuesta no le pareció tan arriesgada ni tan descabellada como cabía esperar, sino que se mostró entusiasmado.

Ahora solo me queda cruzar los dedos y esperar el resultado de la reunión de esta tarde. Ojalá que Arturo esté de buenas y que no se deje influir demasiado por las pegas que le ponga Julián a cada iniciativa, porque estoy seguro de que eso es exactamente lo que va a hacer.

EVERNOTE: MI DIARIO

Mis peores pronósticos se cumplen casi sin excepción. El director de Semana Financiera adopta una posición ultraconservadora y cautelosa en exceso frente al paquete de ideas y propuestas para mejorar la web que le he presentado a través del jefe de redacción en un report. Aunque aprueba en general los cambios de diseño, dice que es prematuro continuar adelante con la renovación de los contenidos, hasta que tengamos más rodado el modelo de la nueva página web. La reunión, en la que ha discutido las propuestas con Vidal y Julián, solo ha servido para que Arturo se convenza de lo que ya pensaba, sin cuestionarse nada. Me ha dicho que la única manera que tiene de valorar correctamente los cambios para tomar decisiones es la habitual: el tradicional EGM o Estudio General de Medios publicado semestralmente. Y para esa evaluación oficial aún faltan tres meses. No se atreve a fiarse de la respuesta instantánea que tiene el medio digital, a diferencia de la edición impresa, con indicadores claros como el aumento de visitas de la home o la presencia en las redes sociales. Está claro que la evaluación periódica de objetivos tiene sentido en el periodismo tradicional, pero no en un medio tan veloz e inmediato como el digital. Supongo que para comprenderlo hace falta un cambio de mentalidad y yo siento que luchar contra eso es como enfrentarse a molinos de viento.

21
Medium: De la evaluación anual a un feedback constante

Hace unas semanas me permití reflexionar en esta plataforma sobre las nuevas figuras de jefe o team leader en el siglo *xxi*, más cercanas a un coach o a un mentor que a un directivo gruñón de corte tradicional. Y lo hice, lo confieso, a partir de mi todavía corta, pero igualmente válida experiencia de millennial que da sus primeros pasos en el mundo laboral, porque considero que mi generación, con su particular visión del mundo, tiene muchas cosas positivas que aportar al respecto. Tenemos mucho que decir, y de provecho, sobre el mundo de la organización de la empresa y de la nueva economía.

Ahora, con este segundo post, me atrevo a dar un paso más allá para introducir en la reflexión otro tema estrechamente relacionado. Me refiero a la revisión de objetivos o a la evaluación de resultados y desempeño. Un proceso que, en la mayoría de empresas tradicionales, es de carácter anual o, en el mejor de los casos, semestral. Allí no solo se miden el rendimiento y el aporte individual de cada empleado a la empresa, sino que se evalúa la consecución de los objetivos globales previstos, se fijan *los nuevos objetivos para el próximo período y, sobre todo, se toman decisiones y se traza el plan estratégico adecuado para alcanzarlos.*

En lo concreto, y a nivel individual, todo eso significa que la evaluación de resultados es el único momento del año en el que se resuelven todas las dudas. ¿Qué has hecho bien? ¿En qué áreas eres fuerte? ¿Qué has hecho mal o en qué has fallado? ¿Dónde has cometido errores y en qué aspecto? ¿Qué debes corregir? ¿Cómo podrías mejorar? ¿En qué cosas tienes que esforzarte más? ¿Has alcanzado tus objetivos? ¿En qué dirección deberías reorientar tu trabajo? ¿Estás empleando al máximo tus recursos y capacidades? ¿Cómo podrías sacarle un mayor provecho?

Las respuestas a todas estas preguntas y a unas cuantas más las encuentras en la evaluación anual de resultados y desempeño. El resto del año te encuentras completamente a ciegas. Incluso, si trabajas en una empresa tradicional de grandes dimensiones, puede hasta que pases inadvertido, que nadie te pregunte cómo estás o cómo te sientes o que nadie te diga si estás haciendo lo correcto o no. Durante todo un largo año.

Aquí es donde los jóvenes de mi generación nos damos de bruces. Un año es una eternidad para un millennial. Vivimos en la economía del tiempo real, estamos acostumbrados a la velocidad y a las respuestas instantáneas. Nos enteramos de todo lo que nos rodea y todo lo que ocurre en el mundo a cada segundo, porque la información nos llega continuamente a nuestro móvil. Solo unos minutos de duda o incertidumbre nos resultan intolerables, porque las respuestas siempre han estado allí, al momento.

Y no solo eso, sino que desde pequeños, primero nuestros padres y luego los profesores en el colegio, nos han brindado todo su apoyo, nos han orientado en los momentos difíciles, nos han animado ante cada nuevo desafío y nos han hecho sentirnos especiales. De hecho, somos especiales, porque nos han enseñado que podíamos conseguir todo lo que nos propusiéramos, si nos esforzábamos lo suficiente. Y probablemente sea cierto, pero para ello necesitamos sentirnos especiales. Porque la interacción permanente es nuestro medio natural, así nos hemos formado.

Pero un buen día, te incorporas al mundo laboral y de repente pasas a un modo silencioso al que no estás acostumbrado. Para un millennial, que nadie te pregunte nada quiere decir solo una cosa: «Tú no importas». Quizá para un miembro de la generación X o para un baby boomer el silencio significa que no hay problema, que no tienes nada de qué preocuparte porque lo estás haciendo bien, pero para nosotros no.

Y allí estás trabajando en modo silencioso. Eres un empleado más de la empresa y probablemente hasta la próxima evaluación anual de resultados nadie te dirá nada. Las interacciones se reducirán a las órdenes que recibas y puede que el único feedback con el que cuentes sea una bronca, un reproche o una mala cara por lo que haces mal. Eso te desmotiva y te frustra. Necesitas saber en qué has fallado para corregirlo, pero si el feedback se reduce a una bronca, probablemente desconectes por completo del trabajo y fracases. Para mejorar, necesitas enfocar ese error como una oportunidad para superarte. Y para ello necesitas el apoyo del entorno, la orientación constante y un mínimo reconocimiento por todo aquello que haces bien. En definitiva, necesitas volver a sentirte especial, porque así has llegado hasta aquí y así llegarás muy lejos. Así conseguirás lo imposible.

Interacción continua y retroalimentación, esa es la clave. Los millennials dependemos del feedback constante como agua de mayo, porque ese es nuestro método de aprendizaje. De hecho, estamos acostumbrados a valorarlo todo en sitios como Tripadvisor, Google, Amazon o Glassdoor, porque esas respuestas instantáneas son las que permiten corregir los errores y mejorar. Y esa misma valoración constante sobre nosotros mismos es la que echamos de menos. Un feedback continuo y en tiempo real, sobre todo de nuestros responsables o superiores, no solo de nuestros compañeros, es lo que nos permite mejorar y superarnos.

En definitiva, se trata del mismo proceso de capacitación y aprendizaje que explica el psicólogo Daniel Kahneman, Premio Nobel de Economía 2002 conjuntamente con Vernon Smith, en su libro Pensar rápido, pensar despacio. «La adquisición de habilidades requiere de un entorno regular, una oportunidad adecuada para practicarla y una retroalimentación rápida e inequívoca para que los pensamientos y las acciones sean los correctos.»

La eficiencia, el progreso y la superación continua de un millennial en su entorno laboral depende de cosas tan sencillas como la mejora de la comunicación dentro de la empresa y el reemplazo de la evaluación anual de resultados por un feedback constante. Así dará lo mejor de sí y así todos saldrán ganando.

22
La conexión

La foto de Instagram que subí cuando calentábamos con la consigna «Mañana de *running*» tiene de momento solo tres *likes* y eso me genera ansiedad. ¿Estaré perdiendo seguidores? Mientras Vidal destapa su botella de Gatorade y propone un brindis por el entrenamiento, yo comparto en mi Facebook los resultados de la App RunKeeper con la distancia recorrida, el tiempo, la velocidad promedio, las calorías quemadas y demás.

Entrechocamos las botellas, nos hidratamos a conciencia y disfrutamos del sol del mediodía que nos seca poco a poco el sudor. Tengo que reconocer que el estado físico de Vidal es envidiable, a pesar de que hacía meses que no corría, según me confesó. No ha estado nada mal el tiempo en el que hicimos los 4.500 metros que suman las tres vueltas al perímetro del parque que hemos dado. Y en más de un tramo era él el que marcaba el ritmo, apretando incluso.

Mientras espero que caigan los comentarios en mi muro de Facebook, le envío a Álex por WhatsApp las cifras para que vea que mi jefe, «el dinosaurio de los tiempos del fax», según su fórmula gastada, no es ningún aficionado en esto de las carreras, como se empeñó en hacerme creer con sus bromas pesadas.

—Oye —me dice Vidal, cuando acabo de teclear el mensaje con los pulgares—, ¿por qué no desconectas un poco del móvil y disfrutas el momento?

—Ya, del subidón de endorfinas cuando se relajan los músculos, ¿no?

—Exacto. Y ya puestos, te diría que no solo de las endorfinas, sino del cuarteto de la felicidad al completo, como lo llaman los neurocientíficos. También de la serotonina que liberamos al sol, de la dopamina por la prueba superada y de la oxitocina al compartir este rato conmigo —me dice.

—¡*Wow!* Sí que estás puesto en química neuronal.

Vidal se ríe de buena gana, acaba su botella de Gatorade y niega con la cabeza.

—Nada del otro mundo. Lo leí hace poco en una revista de divulgación —me confiesa—. Supongo que me interesan últimamente estos temas porque mi química no funciona del todo bien. Estoy al borde de una depresión.

Esta segunda confesión es la que de veras me sorprende, porque nunca lo hubiera dicho con la actividad que despliega Vidal en la redacción y la energía que gasta entre regaños y voces al equipo. Para no ahondar en ese tema sensible, vuelvo a la cuestión del móvil. Me disculpo y le explico que estaba compartiendo las cifras de nuestro entrenamiento en las redes.

—Ya, pero ese es el problema, Mateo. Vosotros los *millennials* estáis enganchados al móvil. No desconectáis nunca. ¿Qué es lo que buscas ahora en las redes en lugar de disfrutar del momento? ¿Un «me gusta»? ¿Algún comentario? ¿Necesitas la aprobación de algún amigo virtual, que tal vez se encuentre en las antípodas o que quizá ni siquiera conozcas personalmente para saber si hemos hecho o no un buen entrenamiento? Ya te digo yo que ha sido una muy buena carrera, de eso no tengo la menor duda porque me tiran los gemelos —me dice, masajeándose las pantorrillas—. No sé, es como cuando vas de viaje y estás tan obsesionado con los *selfies* y tan preocupado por compartir las fotos al momento, que no ves el Partenón o el Gran Cañón que tienes a tu espalda, y qué quieres que te diga, a mí eso me parece absurdo.

—Supongo que tienes razón —le digo, y lo creo de veras, a pesar de que nunca me han gustado los sermones. Porque la cuestión de fondo que ahora me plantea Vidal con el suyo me hace reflexionar y me parece válida.

—No lo digo solo por ti, ¿eh? No te lo tomes como algo personal, Mateo, lo digo en general, porque es algo que noto en los jóvenes, entre los chicos de tu generación. Estáis enganchados a las pantallas, no sabéis desconectar. O mejor dicho, no sabéis conectar sin 4G o 5G, con el aquí y el ahora. Conectar de verdad con el que tienes al lado y con el momento que estás viviendo, y así os perdéis todo lo bueno.

—Ya, te entiendo.

Me acabo mi Gatorade, lanzo la botella a la papelera y, en lugar de responder con lo primero que se me viene a la cabeza, le doy vueltas a la cuestión. Porque también es cierto que, gracias a esa dependencia al móvil que critica Vidal, mi generación está mucho más enterada de todo al momento que la suya, y que nuestra Capítuloacidad para procesar la información y nuestra velocidad de reacción es mayor. Pero supongo que eso no tiene nada que ver con su planteamiento de fondo y tiene razón.

—¿Sabes lo que creo? Que además de un *runner* bastante aceptable eres un agudo sociólogo.

—Anda ya. ¡Me tomas el pelo!

—Y que me sueltas todo este rollo —le digo para rematar la broma— porque no te atreves a responder a la gran pregunta de la jornada.

—¿Cuál?

—¿Qué tal esas zapatillas nuevas?

Entre risas dejamos el banco al sol y damos un paseo por el interior del parque. La charla salta de un tema a otro de manera casual, hasta que siento que la verdadera conexión con el aquí y ahora, de la que hablaba mi jefe, se impone entre los dos de forma natural. Vidal me cuenta cosas personales, en referencia a esa depresión al acecho que mencionó, en la que le da miedo caer, y eso ya no me incomoda, sino al contrario.

Su actual malestar resulta de la suma de varios factores, según me da a entender. Se ha separado de su mujer, Mercedes, hace ya casi un año y no ha conseguido rehacer su vida sentimental. La relación con sus dos hijas adolescentes, Ana de dieciocho y Laura de quince, a las que ve cada dos semanas, desde entonces se ha deteriorado mucho. No hacen más que discutir. Supone que ellas inconscientemente lo culpan a él por romper la familia, a pesar de que la separación fue de común acuerdo.

Y lo peor de todo es que en el plano laboral se siente cada día más frustrado. Entregado por completo al trabajo,

Vidal ya no tiene vida privada. Hasta había dejado de correr en los últimos meses, la última afición que le quedaba.

—Bueno, al menos eso lo acabas de retomar ahora conmigo —le digo para animarlo.

—Ya, y te lo agradezco, Mateo. ¿Pero sabes lo que pasa? Es que recuerdo como si fuera hoy lo que quería ser cuando tenía tu edad, lo que de verdad me apasionaba entonces de esta profesión y cómo me proyectaba al futuro para cuando tuviera cincuenta años. Y ahora que estoy a punto de cumplirlos no me gusta nada la imagen de tipo gruñón y amargado que me devuelve el espejo cada mañana.

—Eres el jefe de redacción del semanario económico más prestigioso de esta ciudad. ¿No estás satisfecho con todo lo que has conseguido?

—Pues, si te digo la verdad, la respuesta es que no. No me arrepiento de nada, pero no era exactamente esto lo que yo quería ser. Me fui especializando a lo largo de los años, un poco por casualidad y otro poco por necesidad, pero no era el periodismo económico en prensa escrita la especialidad a la que yo originalmente apuntaba.

No salgo de mi asombro, la sinceridad de Vidal me desarma por completo. No me lo puedo creer.

—¿Y hacia dónde apuntabas? ¿Qué querías ser? —le pregunto a quemarropa, no lo puedo reprimir.

A Vidal le brillan los ojos, tuerce la boca en una media sonrisa que se parece más a una mueca de amargura que otra cosa y me palmea la espalda.

—Ah, compañero. Para semejante confesión aún tienes que ganarte mi confianza —bromea guiñándome un ojo, para quitarle hierro a la charla.

Y yo no insisto, para no salar aún más la herida, porque me doy cuenta de que eso es lo que realmente le afecta y por lo que se siente frustrado.

23
El complot

Cuando consumes todas tus energías y todo tu tiempo en el trabajo, tu vida personal naturalmente se resiente. Tu vida privada queda supeditada a tu vida profesional, en lugar de integrarse en ella. Afectos, relaciones, ocio, placer, aficiones y otras actividades se verán condicionadas por tu trabajo y probablemente no prosperarán.

Hay quien está dispuesto a pagar ese alto precio por un triunfo profesional, pero yo no creo que ello compense, porque la felicidad y el bienestar no tienen precio. Y menos aún compensa si trabajas en algo que no es lo que realmente te gusta o no es lo que siempre habías soñado. Entonces el divorcio entre tu vida personal y profesional ya no tiene ningún sentido y te sentirás frustrado. Supongo que eso es lo que le pasa a Vidal: ha sacrificado durante años su vida privada por un trabajo que ahora no le satisface ni por el que se siente realizado. Y el problema es que para reorientar su vida profesional necesita primero sentirse bien y recuperar también su vida privada.

Mientras apunto estas ideas en el ordenador, escucho a Vidal refunfuñar, como de costumbre. Del buen rollo que tenía la semana pasada, antes de que saliéramos a correr el sábado por la mañana, ya no queda nada. Ha vuelto a la rutina con cara de perro y a dar voces por todo. Hace un rato regañaba a Irene no sé por qué y ahora está discutiendo con Julián en un tono de voz demasiado alto.

Me pregunto qué habrá hecho Vidal el resto del fin de semana, después de ir a correr, para llegar a la redacción este lunes por la mañana con semejante mal humor. Quizás haya reñido con sus hijas adolescentes, con las que se lleva fatal, según me confesó. O quizá simplemente se ha quedado solo en casa sin hacer nada de provecho ni placentero. Como sea, el malestar y la frustración que lleva encima son evidentes.

—¡Y tú, Valentina! ¡¿Dónde está el informe que te pedí el jueves?! —grita Vidal desde su mesa.

—En tu bandeja de entrada —responde Valentina, estirando el cuello sobre la mampara que aísla su escritorio.

—¡Pues no lo veo!

—Búscalo con calma, te lo envié el jueves a última hora —le dice con cara de fastidio, mirándome a mí, que también estiro el cuello sobre mi isla de acrílico esmerilado.

—Ah, vale. Aquí está.

Valentina niega con la cabeza y gira su dedo índice en el aire sobre la sien en un gesto clarísimo.

Valentina
Está como una chota!
Te juro que ya no lo soporto

Mateo
Ya, nos altera a todos
con su mala uva

Valentina
Cómo echo de menos
al Vidal de hace unos años,
el de antes de su divorcio

Mateo
Oye, y qué crees que le pasa?

Valentina
A qué te refieres?

Mateo
Te lo explico con un café...
Se me acaba de ocurrir
una idea

Valentina
Ok, en 15 min acabo
un artículo, no quiero que
me vuelva a gritar

Mateo
👍

Un rato después, le cuento mi plan mientras tomamos un café en la cocina. Susurramos como dos conspiradores, entre risas ahogadas, para que nadie se entere de lo que estamos tramando. Me siento un poco mal al revelarle a Valentina las confidencias que me hizo Vidal después del entrenamiento del sábado, pero lo hago por una buena causa. Sobre todo, la primera confidencia que me hizo al comenzar a sincerarse: que no había salido con nadie desde su separación hace ya casi un año. Algo que, para mi sorpresa, Valentina ya sabía, y en eso no tarda mucho en darme la razón. Si no sale ni se relaciona con gente nueva, es lógico que esté cada día más huraño y amargado.

A Valentina mi idea le parece buena, pero no le convence del todo la manera de llevarla a cabo.

—¿Tú no usas Tinder acaso?

—Claro, como todo el mundo. Y no niego que a Vidal le vendría genial abrirse un perfil, no es eso lo que te digo —me responde.

—¿Y entonces?

—¡Es que ni siquiera sabe que existe Tinder, Mateo! ¿Vas a conseguir tú que se la instale? Le dirás: «Mire, jefe, lo que usted necesita para que se le pase ese mal rollo es ligar un poco. No se preocupe que ahora es mucho más fácil, no es como en la época en que usted estaba en el mercado. Con bajarse esta app en el móvil...» —Lo absurdo de la escena nos desata la risa otra vez, pero bajamos un poco más la voz para que nadie descubra nuestro complot.

—Ya, tienes razón —retomo, cuando consigo serenarme—. Pero en eso ya había pensado también. Para que funcione tiene que surgir por su cuenta, como si se le ocurriera a él. Mira, te propongo una cosa. Tú lo conoces mucho más que yo y tienes confianza, supongo que también compartís cosas personales, ¿o me equivoco? De hecho, me acabas de decir que te había contado que no sale con nadie desde que se separó.

—Es cierto.

—Pues mira, tú le cuentas algún ligue que hayas conocido por Tinder, te inventas alguna anécdota si quieres, solo para que descubra la aplicación, y yo me encargo del resto, ¿qué te parece?

—Trato hecho, agente Mateo. ¿Y cuál es el procedimiento para comunicarle el éxito de la primera fase de nuestra operación secreta?

—El procedimiento estándar, agente Valentina. Usted envía un mensaje cifrado a Moscú con la clave «picó el anzuelo» —le digo, y nos tronchamos.

24
El intercambio

Hace dos días que recibí el mensaje en clave de Valentina «picó el anzuelo» y ahora estoy buscando el momento adecuado para comenzar la segunda fase de nuestra operación secreta. Si la misión sale bien, en la redacción todos saldremos ganando y el periódico también se beneficiará.

Ayer por la noche era el momento óptimo para retomar la operación, tras el entrenamiento, pero ya tenía planes y tuve que declinar a última hora.

Como Laura, la hija menor de Vidal, tiene un campeonato de vóley el sábado por la mañana que él no se quiere perder, me propuso que saliéramos a correr una noche después del trabajo, para que no pasaran muchos días desde la última carrera. Insistió tanto en la importancia de coger un ritmo semanal, que no me atreví a decirle que no, aunque sabía que no iba a poder ir porque Álex ya me había anticipado que compraría las entradas.

Hoy la verdad es que me arrepiento un poco de no haber salido a correr con mi jefe, porque el concierto fue mediocre, por no decir malísimo, y no me gustó nada. Y encima, Verónica, la amiga de Álex que nos convenció de ir a escuchar a este grupo *underground* local del que ella es fan, pasó de mí completamente. Yo tenía muy poco interés en ir a un concierto de esa banda en concreto. Si lo hice, fue porque pensé que tenía posibilidades con la amiga de Álex. Pero es evidente que fallaron mis cálculos, como yo le fallé a su vez a Vidal con un WhatsApp en el último momento. Espero que no se haya mosqueado, y hablando de Roma...

—¡Hombre! Te pillo de camino —me dice Vidal, cogiéndome del brazo.

A juzgar por la sonrisa y el tono, no está enfadado en absoluto, pero de todos modos noto cierta malicia en su mirada. Lo que me sorprende, y se lo pregunto, es qué hace por aquí a esta altura de la avenida, porque estamos a siete u ocho calles de la redacción y hasta donde sé que él coge el coche para ir al trabajo.

—Hoy tenía ganas de caminar un poco y cogí el autobús solo hasta la plaza Mayor —me responde—. ¿Ya has desayunado? Ven, te invito a un cortado, que aún es temprano y vamos sobrados de tiempo —dice señalando un bar abierto al otro lado de la calle.

Qué pasó ayer es la pregunta implícita que dispara Vidal con un golpe de cejas, después de que el camarero nos deje en la mesa un cortado y un cruasán a cada uno. El mensaje de excusa que le envié ayer fue lo suficientemente ambiguo como para no mentir descaradamente y ahora ya no me veo con la capacidad de hacerlo. Y como tampoco me atrevo a mentir a medias por omisión, opto por la sinceridad.

—Hay algo que no entiendo, Mateo. ¿Pero entonces tu colega ya tenía las entradas del concierto cuando quedaste conmigo para correr? —me interrumpe.

—No exactamente. Me dijo que las iba a comprar, pero no supe que, en efecto, se había hecho con ellas hasta que regresé a casa. Y entonces, en lugar de calzarme las zapatillas de *running*, te envié el mensaje —le explico.

—Pero es igual, ya tenías ese plan. Las probabilidades de que tu colega no consiguiera las entradas o que no fueran finalmente al concierto por el motivo que sea eran mínimas. ¿Por qué no me dijiste claramente que no podías? Esta noche no puedo porque tengo otro plan. Si se cancela, te aviso. No es tan difícil decir eso sin rodeos ni ambigüedades. No lo entiendo, Mateo, hay confianza.

—Lo siento, tienes razón.

Vidal acaba su cortado, me mira entornando los ojos y suspira. No sé si está enfadado o decepcionado conmigo. Todo apunta más bien a lo segundo.

—No tienes que disculparte, Mateo, si es una tontería. Tampoco me has fastidiado tanto. Cuando recibí tu mensaje ya tenía las zapatillas puestas e iba de camino al parque. Así que corrí solo y lo disfruté igualmente, hacía una noche espléndida. Eso sí, ahora no me preguntes por las cifras, porque no llevo en el móvil esa aplicación que tú usas, ¿cómo se llama? No tengo ni idea de cuál fue mi rendimiento.

—RunKeeper —le digo—. Se instala rapidísimo. Si quieres descargarla, te echo un cable y te explico cómo va.

—Pues mira, sobre el tema de aplicaciones, necesito hacerte una consulta sobre una. Pero antes, deja que acabe lo que te quiero comentar, así no nos liamos —retoma—. Perdona si me pongo un poco pesado en plan «sociólogo», como me llamaste el otro día, ¿recuerdas? —Se me escapa una carcajada que contagia a Vidal—. Pero es que de esta tontería puedes sacar una buena lección, si lo piensas bien.

Si yo no te conociera y no hubiera quedado contigo para correr, sino para hacerte alguna propuesta profesional, te habrías cerrado una puerta porque hubieses quedado fatal conmigo. Tú puedes decirme que, en ese caso, lo habrías cancelado todo y hubieras llegado puntual, pero no lo sabes. Y en cualquier caso, la cita abortada no es el problema, sino la manera de gestionarla. Tú podrías haberme dicho: «Vidal, no me va bien, no puedo. Quedemos otro día mejor», y ya está. Si llegado ese momento surge de verdad un imprevisto y tienes que romper un compromiso, llamas disculpándote, lo que siempre es mejor que un WhatsApp a última hora y de aquella manera.

Vidal hace una pausa para estudiar mi reacción y en esos segundos me doy cuenta perfectamente, antes de que acabe el argumento, de lo que intenta decirme.

—Lo que quiero decirte, y ya estoy otra vez soltándote un rollo, es que este es otro de los defectos de tu generación, quizás el más gordo, y a la vez el más fácil de remediar. Vosotros los *millennials*, que presumís tanto de la comunicación y estáis hiperconectados, falláis precisamente en la comunicación personal, en el cara a cara. Y ello porque no sabéis decir *no* con claridad, asumir o rechazar compromisos a corta distancia, con todo lo que ello implica.

—Sigue, sigue, que te estoy escuchando. Perdona, pero es que de verdad me estás dando toda una lección y la estoy apuntando porque no quiero olvidarla —le digo a Vidal, que ha hecho una pausa al verme con el móvil.

@MateoMillennial

Si no aprendes a decir que no cara a cara, de nada te
servirán las nuevas tecnologías para comunicarte
#diariodeunmillennial #millennials

—Pues nada, eso. Que en el terreno laboral, la franque-
za y la sinceridad de la comunicación personal es crucial y
evita muchos problemas. El WhatsApp, el *e-mail*, las redes
sociales o las señales de humo, si quieres, en definitiva no
sirven para comunicar aquello que no te atreves, no sabes
cómo o no quieres decirle a alguien a la cara. Esto es algo
básico que tu generación, tan aficionada a las pantallas,
necesita aprender cuanto antes. Pero mira, tú estás de suerte, porque yo de esta materia te puedo dar unas cuantas
clases a cambio de...

—¿Me estás proponiendo un trueque? —lo interrumpo.

—Exacto, porque tampoco nosotros los *baby boomer*
lo sabemos todo. Tú a cambio de mis clases de comunicación personal me podrías explicar cómo va una aplicación
para el móvil de la que me han hablado. ¿Conoces una que
se llama Tinder? —Estoy a punto de atragantarme con el
cortado por las carcajadas.

Vidal se ríe también de mi reacción y, cuando logro
contener la tos, cojo mi móvil y le digo:

—Eso está chupado, mira...

25
Las capacidades individuales

Si algo le tengo que reconocer a Julián es el olfato para la noticia y el criterio con el que discrimina la relevancia informativa de cada tema. Y si a esto le sumamos el hecho de que está enganchado minuto a minuto a la actualidad, nos da como resultado el perfil idóneo de periodista digital, certero y veloz. Es una verdadera pena que no colabore conmigo en la actualización de nuestra *home*. Además, está claro que le va la adrenalina y la disfruta. Está mucho mejor preparado que yo para la actualización informativa inmediata y, en lugar de aprovechar sus capacidades, aquí se le ha destinado a otra función como segundo de a bordo de la redacción, lo que a todas luces le desagrada. En lugar de seguir la noticia en tiempo real, Julián se ocupa de corregir los textos de los redactores y editarlos en la maqueta de la edición en papel.

Lo mismo me ocurre a mí, supongo, que de momento solo me encargo de esta actualización informativa del digital, cosa que Julián haría en mi lugar mucho mejor y además lo disfrutaría, en lugar de desarrollar nuevos contenidos audiovisuales y gráficos interactivos del periodismo de datos, que es mi fuerte y lo que más me gusta. Supongo que, de todas formas, ganaríamos mucho remando en la misma dirección, colaborando entre los dos de manera amistosa. Pero eso por ahora es impensable con el mal rollo que gasta el tío conmigo. Espero que la guerra silenciosa que me ha declarado desde que comenzó a mejorar mi relación con Vidal acabe pronto.

Si es por mí, que no quede, me digo, acercándome a su mesa tras el almuerzo. Vidal le está enseñando algo que, desde aquí, a varios metros de distancia, identifico como una cámara réflex de última generación. Los interrumpo sin que me sepa mal, porque se ve que no discuten nada trascendente.

—Oye, Julián, tenías razón con tu valoración de esta mañana sobre el rebote de la bolsa como principal noticia de la jornada. Ya están surgiendo las primeras declaraciones de políticos y grandes inversores, como preveías. ¿Me confirmas que puedo subir esa información como noticia de apertura?

—Pues mira, aquí tenemos al jefe para que me dé su visto bueno y yo te confirme, así no nos saltamos el protocolo —me dice, guiñándole un ojo a Vidal.

Y maldito sea el protocolo, pienso, y la línea de mando jerárquica que defiende el jefe de redacción también, porque en estas absurdas gestiones perdemos un tiempo valioso que nos hace ir a la zaga de todos los portales de información económica. Algo que resolveríamos al instante trabajando en equipo de manera horizontal.

—Sí, estoy de acuerdo. Adelante, Mateo —me dice, enseñándome con un golpe de cejas el *gadget* que manipula como un niño ilusionado.

—¿Y eso? ¿Qué tienes ahí?

—Pues un pepino de cámara, ¿qué te parece? —dice, señalándome las prestaciones que va accionando con dedos impacientes—. Una Canon EOS 6D, lo tiene todo, es increíble. Aún me faltan unos meses para cumplir medio siglo de vida, pero ya me he hecho este autorregalo: un verdadero capricho. Me recuerda a la Canon A1 que tenía hace veinte años, pero claro, aquella era analógica y esta cámara es entrar por la puerta grande al universo digital.

—No sabía que te iba la fotografía.

—Y tanto que me va, pero no solo la fotografía. La imagen en general es lo que de verdad me pone, desde siempre —me dice, y me doy cuenta de que me está hablando muy en serio, porque le brilla la mirada igual que cuando paseábamos en el parque.

De pie, junto al escritorio de Julián, Vidal apunta el objetivo hacia la mesa de Valentina y le grita:

—¡Dame tu mejor perfil de intrépida reportera, Valentina!

Valentina levanta la vista de la pantalla un poco sorprendida. Lleva un boli entre los dientes y otro clavado como un pincho en el pelo recogido. En cuanto comprende de qué va la broma, le dedica muy seria una peineta a Vidal, pero no puede sostener el gesto más que unos segundos antes de morirse de risa, y cuando baja el dedo escucho el obturador de la cámara que se dispara tres o cuatro veces. Sin apartar el ojo del visor, Vidal barre la redacción y apunta hacia el pasillo central, por el que camina Luis con el móvil pegado a la oreja:

—¿Y a ver ese Bob Woodward hablando con su «garganta profunda»? —Luis sonríe, sin dejar de hablar por teléfono, y le muestra el pulgar en alto.

Vidal dispara su cámara y comienza un nuevo barrido hacia la mesa de Irene, pero su reacción lo interrumpe:

—¡Ni se te ocurra, que tengo el pelo hecho unos zorros! Conmigo te esperas a que vaya a la peluquería, hombre —se queja Irene ocultándose tras un dosier. Vidal suelta una carcajada y le dice:

—De acuerdo, te tomo la palabra.

Me muestra las tomas en la pequeña pantalla de la cámara, mientras sigue enumerando las maravillas de su nueva Canon. Las fotos de Valentina y Luis son realmente buenas, porque revelan algo muy genuino de su personalidad que no sabría explicar con palabras. Algo atrapado en el instante, en el gesto, en el encuadre, el enfoque o la luz, no lo sé.

—Y ni te imaginas los vídeos que hace. Graba en HD con la luz que sea, la verdad es que me sorprende. Claro que yo soy de la vieja escuela y me quedé en las prácticas que hacíamos en la facultad con las viejas cámaras de VHS, no te lo pierdas. Pero le voy cogiendo el tranquillo, me falta un poco de rodaje con estos aparatos digitales, pero en poco tiempo ya verás.

La mirada de Vidal lo dice todo. Con este juguete ahora se le ve mucho más ilusionado que con las «naves espaciales», como bautizó a sus nuevas zapatillas de correr en cuanto salió de la tienda. No hace falta que complete la confesión que estuvo a punto de hacerme el otro día en el parque, porque ya me imagino perfectamente hacia dónde apuntaba en sus inicios en la profesión y qué era lo que realmente le gustaba cuando tenía mi edad.

—Oye, podríamos grabar nuestras propias entrevistas para el digital en lugar de colgar los vídeos de agencias. O grabar pequeñas cápsulas de opinión analizando la noticia del día, ¿lo has pensado? —le digo.

—Claro que lo he pensado, pero espera, que aún necesito rodaje con lo digital, porque de momento soy un simple aficionado —me dice.

—Odio ser aguafiestas —interviene Julián, girando su butaca de espaldas a la pantalla en la que estaba editando un texto con cara de aburrimiento—, pero os estáis haciendo falsas ilusiones, porque Arturo dejó bien claro que la renovación de contenidos de la web quedaba condicionada al próximo EGM. Y tal y como está el patio necesitaríamos un milagro para que crecieran nuestros lectores en papel.

—Ya, Julián tiene razón —me dice Vidal, perdiendo de pronto el gesto de entusiasmo y descolgándose la cámara del cuello.

—A mí me sigue pareciendo un argumento erróneo —le digo—, porque con el digital aspiramos a un nuevo tipo de lector, no al nuestro de toda la vida en edición impresa, y para conquistarlo necesitamos algo nuevo.

—Puede que estés en lo cierto, Mateo, pero esto no es una tecnológica ni una de esas plataformas de innovación, ¿cómo se llaman? Una *startup*, eso es, donde la creatividad es lo más importante y cada uno hace lo que le gusta. Esto es una empresa y la lógica es otra, así que vamos a ponernos a trabajar y nos dejamos de quimeras —zanja Vidal, que se va a su escritorio con la cara de amargura o frustración de siempre.

Julián regresa a la pantalla y yo vuelvo a mi mesa con una pregunta en la cabeza que estoy seguro que no tiene una única respuesta, a pesar de que aquí en la redacción de *Semana Financiera* ni siquiera nos la planteamos. ¿No es posible una empresa en la que cada empleado trabaje en lo que de veras le gusta y le ilusiona? ¿No funcionaría mejor un equipo en el que cada uno aportara aquellas capacidades y habilidades para las que está más preparado o se le dan mejor?

26
Medium: De mejorar tus debilidades a potenciar tus fortalezas

En el primer post que escribí el mes pasado comentaba una famosa frase de Peter Drucker, uno de los mayores expertos en liderazgo y gestión empresarial de las últimas décadas, fallecido en 2005. Me refiero a este conocido lema: «Nadie debería ser nombrado para una posición directiva, si su visión se enfoca sobre las debilidades, en vez de sobre las fortalezas de las personas».

La cita venía a propósito del ejercicio de las funciones directivas, de las formas de liderazgo y las nuevas figuras de jefe en el siglo xxi. Sin embargo, me gustaría volver a esta idea desde la perspectiva del rendimiento y la eficiencia de los equipos, cuando se organizan en función de las capacidades y habilidades individuales.

Pensemos, por ejemplo, en un equipo de atletismo olímpico. Su objetivo es obtener el mayor número de medallas y récords en la competición. Los atletas entrenan cada día, unidos como una piña, tras esa meta. Comparten muchos ejercicios de calentamiento y tonificación muscular, pero cada uno trabaja en la disciplina que le apasiona y para la que tiene o ha desarrollado espe-

ciales capacidades. Sería absurdo pensar que el atleta que consigue lanzar el martillo más de 70 metros entrene duramente sobre la pista con la intención de bajar su mediocre marca en los 100 metros lisos. O al contrario, parecería ridículo que un velocista nato se empeñara en mejorar su penosa técnica de lanzamiento de martillo o de jabalina.

Sin embargo, esto es lo que sucede a menudo en muchas empresas, en las que nadie ha reparado en las verdaderas capacidades de ese esforzado lanzador de martillo que podría correr los 100 metros en diez segundos. Y, en lugar de entrenar su velocidad, este atleta sufrirá en vano cada día intentando mejorar su pésima marca de lanzamiento. Un esfuerzo inútil porque cada día se sentirá más desmotivado y puede que hasta frustrado.

Recuerdo que, cuando era pequeño, mis padres siempre insistían en que debía desarrollar todas las habilidades y competencias para estar preparado en mi vida laboral. Incluso aquellas que no me gustaban y que encima no se me daban nada bien. Esto solo tiene sentido en un mundo ultracompetitivo en el que tuvieras que enfrentarte a todo tú solo, sin la ayuda ni la colaboración de nadie. Pero en el mundo en el que hemos crecido los millennials, tan transversal, hiperconectado y cada vez más complejo en el que vivimos, nadie trabaja completamente solo, a excepción de algunos genios o determinados artistas. Sin contar con que en esos casos excepcionales lo que hacen es desarrollar una única disciplina o actividad en concreto; porque nadie puede ser el mejor en todo.

Mi generación ha crecido habituada a la colaboración y al trabajo en equipo. Lo compartimos absolutamente todo en las redes y de manera inmediata: información, fotografías, experiencias personales, y hasta conocimientos y habilidades especí-

ficas a través de tutoriales de Youtube. Y por eso también reconocemos quién es bueno en cada cosa, quién destaca en cada área y a quién le apasiona desarrollar determinadas competencias o habilidades en las que tiene facilidad.

Desde pequeños, con los primeros trabajos en grupo que hicimos en el cole, nos acostumbramos a repartirnos las tareas de acuerdo a nuestras afinidades y preferencias, de modo que cada uno se ocupaba de las cosas que más le gustaban y que se le daba mejor. Y con ello no solo obtuvimos siempre el máximo rendimiento del trabajo en equipo de manera colaborativa, sino que aprendimos muy pronto a especializarnos en aquello que más nos interesaba. Nos enfocamos en lo que nos gusta, en lo que se nos da mejor, y dedicamos toda nuestra energía a especializarnos, a superarnos día a día en nuestro terreno, porque eso es lo que nos hace sentir bien.

En el post anterior decía que los millennials nos sentíamos especiales, y probablemente lo seamos, entre otras cosas porque todos somos diferentes. Y no solo eso, sino que potenciamos esas diferencias fomentando las capacidades y habilidades individuales en cada área. Otra autoridad en la gestión empresarial como Stephen Covey decía algo que los millennials hemos asimilado por completo y quizá llevemos en el ADN: «Las fortalezas están en nuestras diferencias, no en nuestras similitudes». De hecho, es al combinar esas diferentes fortalezas y el trabajo en equipo, cuando obtenemos una ventaja competitiva en los resultados y un mayor rendimiento.

No hay nada que desmotive más a un millennial que un trabajo que no tenga en cuenta sus diferencias, que desaproveche sus fortalezas y todo lo mejor de sí que puede aportar a la empresa, a fin de homologarlo a tareas que a otros se les dan mu-

cho mejor. Por ejemplo, si colocamos a una persona muy creativa en la gestión de datos financieros y contables de una compañía, no solo estamos desaprovechando sus capacidades, sino que además probablemente lo estemos condenando a la frustración profesional. Porque esa persona en lugar de orientar todas sus energías en sacarle el máximo provecho a su creatividad, deberá esforzarse para adquirir una competencia medianamente aceptable, mucho más que otra persona a la que le apasionan los números y se le dan bien.

Es cierto que nos estimulan los retos, pero sobre todo aquellos que nos llevan a buen puerto y nos hacen sentir bien. Y nos sentimos bien cuando trabajamos en aquello que nos gusta y en lo que somos buenos, donde podemos potenciar aún más nuestras habilidades y capacidades para aportar al equipo lo mejor de nosotros mismos. Pero para que ello suceda, el equipo de trabajo, los responsables y, en definitiva, la empresa primero tiene que conocer cuáles son nuestras fortalezas, con tal de que nos permitan desarrollarlas y potenciarlas. Y eso solo se consigue con buenas relaciones interpersonales y buena comunicación.

Esto también ya lo decía hace unos años Stephen Covey: «La tecnología reinventará los negocios, pero las relaciones humanas seguirán siendo la clave del éxito». Las salidas en grupo, las cenas y las celebraciones de empresa deberían convertirse en algo habitual. Para nosotros los millennials, este tipo de actividades nunca son un compromiso o una obligación, porque las vemos como una oportunidad para conocernos mejor y conectar. Para nosotros, acostumbrados desde siempre al trabajo en equipo y a la colaboración, la conexión lo es todo. Y no me refiero solo al WiFi o a la fibra óptica.

27
La transformación

—Oye, qué pasada, ¿no? ¿Soy yo que me engaño o tú también notas la diferencia? —me dice Valentina apoyando uno de los dos cafés que trae de la máquina en mi mesa.

—Gracias, ¿tiene azúcar?

—Sí, pero ahora me he liado, no sé si te estoy dando el mío con sacarina —me dice riéndose como una niña.

Lo pruebo para sacarnos de dudas y le confirmo con un gesto que ha acertado. Y la respuesta que espera Valentina es obvia, claro que lo he notado. «Míralo» me puso en el WhatsApp en cuanto Vidal entró en la redacción a primera hora y yo le respondí con un *emoji* de sorpresa. Se le ve diferente, no solo porque se dejó la americana en casa y ha venido a trabajar con un polo y en tejanos, sino porque parece más joven con su cámara digital colgada al cuello. Tal vez se ha cortado el pelo, no lo sé porque yo no tengo buen ojo para esos detalles, pero es verdad que parece otro.

—Pues sí que lo veo diferente —le digo—. Pero más que ver el cambio lo confirmo con hechos, mira ¿qué hora es?

—Las doce y media —me dice Valentina consultando su reloj—. ¿Por?

—Porque lleva más de tres horas en la redacción y aún no ha dado un solo grito.

—¡Es verdad! Es una pasada. Le pregunté por el *look* informal y ¿sabes lo que me dijo, el tío? Que es una licencia que se pueden tomar los jóvenes, cuando no tienen ninguna reunión importante. Mírate tú, me dijo, que vienes de Janis Joplin y no te ponemos ninguna pega. —La cara de Valentina me provoca una carcajada.

—Pues la ha clavado.

—¡Oye! —Valentina se alisa su blusa floreada y sacude el cabello como simulando enfado, pero no puede contener la risa.

—Pero mira, es cierto —retoma—. Parece que tiene diez años menos. ¿Tú crees que ha funcionado nuestro plan secreto?

—Aún es pronto para un informe oficial, agente Valentina, pero me temo que nuestra misión ha sido todo un éxito.

Valentina se troncha otra vez.

—Pues quiero un informe pormenorizado en mi mesa cuanto antes, agente Mateo —me dice conteniendo la risa—. ¡Y no escatime detalles!

—Lo tendrá, descuide —le digo, cuando ya regresa a su mesa.

Imagino que la transformación de Vidal no debe ser solo fruto de algún ligue en Tinder. Supongo que volver a correr también habrá tenido un efecto positivo. Y, sobre todo, el hecho de haber retomado la fotografía con esa Canon de última generación que se ha comprado. El tema le apasiona, eso es evidente, porque desde que la tiene que no se despega de esa cámara digital en ningún momento. Esto para Vidal no es una mera pasión, estoy seguro que es el tipo de trabajo al que le gustaría dedicarse profesionalmente. Me pregunto por qué dejó el mundo de la imagen o del periodismo gráfico, por qué lo postergó en su momento, si era lo que más le interesaba.

@MateoMillennial
Postergar tu vocación por la seguridad de un empleo o por lo que sea, tarde o temprano te pasa factura
#diariodeunmillennial #millennials

El resto de la mañana lo invierto en el tedioso trabajo de subir a la *home* los reportajes y artículos de la última edición impresa de *Semana Financiera*. Por la tarde comparto en las redes los contenidos y compruebo las visitas. El mayor tráfico sigue pasando por el viejo gráfico que hicimos con Luis hace ya unas semanas sobre energías renovables y por un vídeo de agencia sobre la inauguración del congreso de telefonía móvil. Este tipo de contenidos es el que busca el nuevo lector digital. Sigo pensando que si no apuntamos en esa dirección, la renovación de la web no tiene ningún sentido.

Como si me leyera el pensamiento, Vidal se acerca con una sonrisa, empuñando su cámara:

—¿Sabes que le estoy cogiendo la mano a este cacharro…? Y he estado pensando en lo que me dijiste: podríamos grabar la entrevista que tiene pactada Irene la semana que viene con el presidente de la Cámara de Comercio. No sé, grabar unos minutos y editar, a ver qué resulta. ¿Tú te das maña con el programa de edición de vídeo?

—Un poco, lo intentamos. Sabes lo que pasa, es que esto es prioritario. Si no nos abrimos a este tipo de contenidos audiovisuales, no habrá manera de que despegue el digital.

—Ya, yo también lo pienso, por eso te lo digo —me confiesa—. El tema es convencer a Arturo para que nos permita comenzar a explorar este terreno. Tiene que comprender que para relanzar la web necesitamos renovar los contenidos, que no podemos depender del EGM y de nuestros lectores en papel.

—Ya puestos, incluso podríamos abrir un canal de Youtube sobre información económica... Estaría genial y seríamos pioneros en esto. Además, deberíamos tener en cuenta los ingresos a través de los *banners*... no se factura lo mismo que en papel, pero sería una nueva entrada de dinero interesante para probar y valorar.

—Poco a poco —me frena—. No te creas que a mí no me entusiasma la idea, pero vamos a ver cómo reacciona. Se lo voy a plantear en la reunión, tú cruza los dedos.

Le muestro mi pulgar en alto y antes de marchar a su escritorio Vidal saca el móvil.

—Ah, me olvidaba. ¿Tienes un minuto? Me he descargado RunKeeper, enséñame cómo va que no me entero. Mira que la voy a probar esta noche, en cuanto me largue de aquí, así que si quieres seguirme el ritmo el sábado, tú mismo.

Vidal entiende mis carcajadas como un desafío y lo celebra. Le muestro rápidamente las funciones de esta aplicación de *running* y le pregunto de pasada por la otra app.

—Oye, pero este es el segundo tutorial que te doy, ¿cómo te fue con Tinder? —le digo, y ahora las carcajadas son suyas.

—¡Muy bien! Fue una experiencia muy divertida, ya te contaré.

Se larga dejándome con la intriga y yo automáticamente le pongo un whats a Valentina.

Mateo
Éxito arrollador de Tinder!!
😎

Como respuesta escucho que Valentina lanza desde su mesa el grito del comienzo de *Cry Baby* de Janis Joplin y yo no puedo parar de reírme.

28
La iniciativa

Las voces se oyen desde la redacción. Julián y Vidal están discutiendo en la cocina tras la reunión general con Arturo. Estoy seguro de que la propuesta de Vidal no ha sido bien recibida. No quiero entrometerme ni que piensen que soy un cotilla, pero necesito ir a por uno de mis yogures que hay en la nevera y llevo varios minutos esperando a que salgan de allí. Me temo que la discusión va para largo.

La cocina es un espacio común, me digo, tengo todo el derecho de entrar. Si se trata de una conversación privada, bien podrían haberse encerrado en la sala de reuniones, que ahora está vacía, o podrían haber bajado al café de la esquina.

—Perdón, no quiero interrumpir, voy a por un yogurt —les digo al entrar.

Julián parpadea una fracción de segundo más de la necesaria y niega con la cabeza en un gesto que interpreto como un «no interrumpes, Mateo, tranquilo». Vidal otro tanto asintiendo, pero sin dejar de hablar en un tono de voz demasiado alto. Se le nota el enfado:

—...Y en esa ocasión también te apoyé, ¿recuerdas? Ni hablar de cuando quisiste reorganizar las secciones, que contaste conmigo al cien por cien, a pesar de que la idea no era tan buena como te creías. Sin embargo, te apoyé, te ayudé a corregir los fallos y luego te defendí ante Arturo: todos los méritos eran tuyos, yo solo me responsabilicé de los inconvenientes que generó todo aquello en la plantilla.

—Era parte de tu trabajo. No me eches eso en cara, ahora la situación es diferente —le dice Julián, ofendido.

—Claro que era parte de mi trabajo —retoma Vidal más acalorado—. Un jefe se parte la cara por su equipo ante la dirección de la empresa y apoya todas las iniciativas y propuestas viables de su gente. Eso es lo que he hecho yo siempre, Julián, no te puedes quejar en ese sentido. Lo que me cabrea, o me decepciona, mejor dicho, es no contar ahora con esa misma lealtad de tu parte. —Esto último lo dice mirándome a mí, con un gesto que lo dice todo.

Cierro la nevera, cojo una cucharilla y me dispongo a marchar cuanto antes, porque no hay nada peor que meterse en medio de una discusión en la que nadie te ha pedido tu opinión. Pero Vidal no me deja.

—Tú no entiendes de qué va todo esto, ¿verdad, Mateo? Pues yo te lo voy a explicar. Aquí lo que sucede es que llevo años pringando en esta redacción, tragándome todo tipo de marrones, y apoyando a mi equipo en todas sus iniciativas. Y cuando finalmente tengo una iniciativa propia —Vidal me guiña un ojo con disimulo, y en una fracción de segundo entiendo que se refiere a nuestro proyecto audiovisual para la *home* y por qué se asume estratégicamente como único responsable de la idea— y le presento la propuesta a nuestro querido director, mi segundo de a bordo no solo no me apoya, sino que me pone palos en la rueda. Es el colmo.

—Lo estás planteando como si fuera una cuestión personal, y sabes muy bien que no lo es —se defiende Julián.

—Lo es desde el momento en que no me apoyas, Julián. Tomas automáticamente partido por la posición de Arturo y encima le das más argumentos para la negativa.

—¿Te refieres a esa idea que me habías comentado de comenzar a grabar nuestros propios vídeos para la web? —le pregunto a Vidal, haciéndome el tonto, para enterarme de una vez qué ha dicho Arturo.

—Pues sí, ¿y sabes lo que ha dicho Julián en la reunión? Que era una quimera, que con nuevos contenidos audiovisuales en el digital no íbamos a frenar la caída de lectores y de publicidad en papel, que esto es malgastar tiempo, energía y recursos en lugar de enfocar el verdadero problema.

—No he dicho que sea una quimera, estás sacando las cosas de contexto, Vidal —se defiende Julián, irritado—. Estos son los argumentos de Arturo. Y sí, yo los comparto, qué quieres que te diga. Yo, lo que dije, cuando él nos confesó que los ingresos generados por el digital seguían siendo testimoniales comparados al papel, era que entonces no podíamos permitirnos seguir invirtiendo en la web porque ni siquiera tenemos claro el modelo de negocio.

—Ya, es que ese es el error de enfoque, tal y como yo lo veo —interrumpo a Julián—. La caída de lectores y de publicidad no es un problema de *Semana Financiera*, sino de toda la prensa escrita. Mientras que los digitales siguen creciendo y muchos ya han encontrado un modelo viable de negocio. Lo que no podemos hacer es ir en contra del cambio de paradigma.

—Pero ¿de qué inversión me estás hablando, Julián?

Lo que le he estado proponiendo a Arturo es comenzar a grabar yo mismo los vídeos con el pepino de cámara que me he comprado —le aclara Vidal.

Julián niega con la cabeza y resopla. Me suena un mensaje de WhatsApp en el móvil y lo cojo antes de que responda el segundo de a bordo.

Luis
Qué demonios está pasando
ahí dentro?

Mateo
Ahora te cuento,
nada grave

—Arturo nos acaba de confesar que la junta de accionistas le pide más recortes y que se viene un nuevo ERE, Vidal. Y te ha pedido que estés por el periódico y te dejes de historias digitales. No es una cuestión de inversión o de si vas a empuñar tú mismo la cámara y los vídeos le van a salir gratis a la empresa… es una cuestión de recursos, y lo sabes —le dice Julián.

—No, eres tú el que no lo entiendes —le responde Vidal—. Pasamos por una situación difícil, te lo reconozco, y yo propongo una iniciativa para renovar de verdad nuestra edición *online,* que seguramente repercutirá positivamente en la edición en papel. Y tú en lugar de apoyarme…

La discusión va para largo y, como creo que ya he escuchado suficiente, me largo discretamente de la cocina con mi yogurt. La inquietud de Luis estaba más que justificada. Me he apresurado al responderle «nada grave» al WhatsApp. A ver qué cara se le queda ahora al redactor cuando le cuente lo que acaba de revelar Julián de la reunión: que Arturo está preparando un ERE en la plantilla. Será el segundo en muy poco tiempo, según me ha contado Valentina.

Pero lo que más me preocupa es lo mal que ha encajado Vidal el rechazo de Arturo a nuestro proyecto audiovisual y la falta de apoyo de su segundo de a bordo a la iniciativa. Se le ve muy entusiasmado con su cámara digital y estoy seguro de que ha visto en ello una oportunidad para reinventarse profesionalmente. O mejor dicho, para reorientar su carrera hacia el terreno que siempre le ha apasionado. Ojalá que Arturo no haya dado un no definitivo y nos deje al menos intentarlo.

29
Radio Macuto

No han pasado aún ni dos horas desde la discusión entre Vidal y Julián en la cocina y noto un runrún extraño en la redacción. Mariano, el diseñador con el que renovamos la imagen de nuestra *home*, me acaba de abordar preocupado para preguntarme si no quería seguir avanzando un poco más con los cambios. Le he dicho con total sinceridad que, si por mí fuera, continuaría adelante con el rediseño hasta lograr una web mucho más dinámica, fresca y rompedora, incluso en sus contenidos; pero Arturo prefería rodar un poco más el nuevo formato digital antes de autorizar más cambios.

Entonces Mariano me ha confesado el motivo de su preocupación. Me ha dicho que tenía muy poco trabajo y dada la nueva situación de la empresa tenía miedo de que prescindieran de él. No he sabido qué decirle, porque estaba claro a qué se refería con eso de «nueva situación de la empresa». Lo que me sorprende es la rapidez con que se ha propagado en la redacción la noticia del ERE que prepara la dirección del periódico. Yo me he enterado por casualidad a través de la discusión de Julián y Vidal en la cocina, y como Luis insistía, porque algo se olía de todo esto, le he contado lo poco que sé solo a él. Pero ahora tengo la sensación de que todo el mundo está al tanto, no solo el diseñador. De hecho, Valentina ya me reprocha por WhatsApp no haberse enterado de primera mano por mí.

Valentina

Cuándo pensabas contármelo?

Te haces de rogar?

Mateo

Estás enfadada?

💀

Valentina

Qué va...

Te apuntarás un tanto

con esto, ya verás...

Mateo

Te refieres al ERE?

Solo sé lo que comentó

Julián en la cocina...

Valentina

😂 😂 😂

Noooo, eso no me preocupa

Mateo

????

😮

Valentina

Cuéntame de los vídeos

que harás con Vidal!!!

👏

Mateo
Ah... Claro!

Valentina
Tengo información clasificada de nuestra
misión secreta, agente Mateo...

Mateo
Ja ja ja, Un café?

Valentina
Dame 5 min que termino este artículo
Mientras tanto escucha esto
https://www.youtube.com/watch?v=hdYPZzO-Wrg
Y no te preocupes por el ERE
que no irá contigo, a ti te acaban
de fichar

Mateo
👍

La verdad es que no estaba preocupado por mí, sino por el resto de la plantilla. Ni se me había cruzado por la cabeza la posibilidad de perder mi primer empleo, aunque por supuesto es una posibilidad. Sin embargo, no le doy más vueltas a esto, porque si Valentina se lo toma con filosofía y me envía *Big Parade*, un tema de los Lumineers en YouTube, para subir la moral, yo en comparación no tengo derecho a preocuparme. Ella tiene una hija pequeña a cargo y está separada y no lo hace. Yo no tengo responsabilidades ni más gastos que un piso compartido.

Unos minutos después, junto a la máquina de café, no salgo de mi asombro. En lugar de contarle yo a Valentina lo poco que he escuchado en la cocina sobre la reducción de plantilla que les anunció el director a Vidal y a Julián en la reunión, es ella la que me da los detalles y me pone al día de todo.

El nuevo ERE que planea la empresa es inminente, pero será mucho más reducido que el anterior. Se eliminarán solo dos puestos de redacción —probablemente uno sea el del diseñador, como él mismo sospechaba— y las otras tres personas de la empresa que se irán a la calle serán de administración y publicidad. En ese contexto de reducción de gastos, me dice Valentina, es comprensible que el director no vea con buenos ojos el proyecto que le hemos planteado de grabar nuestros propios vídeos de información económica para la web.

A ella, sin embargo, le parece una idea estupenda. Lo ve muy entusiasmado a Vidal con su nueva cámara digital y no duda de que lo hará de maravilla. Y quien está muy ilusionada también es Irene, me cuenta.

—Me ha dicho que antes de la entrevista con el director de la Cámara de Comercio irá a la peluquería para dar el pego. Y no te lo pierdas, porque incluso hasta me ha explicado la ropa que se va a poner.

Nos reímos sin malicia de la coquetería de Irene, y Valentina sigue contándome todo lo que sabe. No toda la redacción apoya nuestra apuesta por generar nuevos contenidos audiovisuales para la *home*, porque además de Julián también se opone Luis, que no lo ve nada claro, dada la situación de la empresa. Según Valentina, solo quiere hacerle la pelota a Julián y al director, porque tiene miedo de ser uno de los candidatos de redacción a las bajas voluntarias del ERE.

—¿Y cómo es que sabes todo eso en tan poco tiempo? —le pregunto a Valentina.

—¡Somos profesionales de la información, agente Mateo! —me responde partiéndose. Y ante mi cara de incredulidad me confiesa—: Por Radio Macuto, por supuesto.

Pero eso no es todo lo que sabe, porque me dice que el plato fuerte lo ha dejado para el final. Al parecer, el buen humor y el cambio de aspecto de Vidal es fruto del éxito de nuestra operación secreta. A través de Tinder ha conocido a una publicista que se llama Karina, muy guapa, según sus informes, también separada y con un hijo. Han quedado como tres o cuatro veces y parece que la relación va en serio. No me puedo creer que todo eso también lo sepa por Radio Macuto, pero sobre ese detalle no consigo sacarle ni una palabra.

—Un periodista jamás revela sus fuentes, Mateo, ya lo sabes —me dice Valentina conteniendo la risa.

30
La producción audiovisual

El sábado por la mañana le sigo dando vueltas al problema de fondo: cómo hacer para renovar los contenidos de nuestra *home* cuando desde la empresa lo único que piensan es en nuevos recortes. Recortes de personal, en primer término, pero ayer ya se comentaba en Radio Macuto que podría haber incluso reducciones salariales. Me sabe fatal porque Vidal sí que está por la labor y se muestra tan o más entusiasmado que yo con la idea de grabar nuestros propios vídeos.

Echo mano de mi viejo método de apuntar las inquietudes para quitarme el mal rollo de encima. Prefiero tener la cabeza despejada para la sesión de *running* con Vidal que me espera en un rato.

EVERNOTE: MI DIARIO

Sé que mi generación suele abusar bastante de este tópico, pero es cierto que la mejor manera de afrontar las situaciones de crisis es considerar esos contextos difíciles como grandes oportunidades para el cambio. Y el periodismo tradicional en papel hace por lo menos una década que se encuentra en crisis. Recuerdo que ya nos hablaban de ello en la universidad y el debate siempre se orientaba hacia la transformación digital, el impacto de Internet y las nuevas formas de circulación de la información en el siglo XXI.

La caída de ingresos publicitarios y la progresiva disminución de lectores de la prensa en papel ha llevado a muchos rotativos en los últimos años a la reducción de plantillas y salarios, a la disminución de número de páginas y secciones. No es un problema exclusivo de Semana Financiera, sino de toda la prensa. El periodismo tradicional cada vez cuenta con menos ingresos y, por lo tanto, con menos recursos para producir información de calidad.

Al mismo tiempo, el número de lectores digitales o internautas, consumidores de los periódicos online, aumenta progresivamente. Cosa que ya está provocando la migración de los anunciantes del papel hacia el digital. No es una casualidad que las grandes investigaciones periodísticas y las más sonadas exclusivas o scoops, como las llamamos en jerga, de los últimos tiempos hayan surgido de periódicos digitales, que se encuentran en plena expansión. Eso es lo que hoy sucede en la prensa generalista, pero aún ese cambio no se ha producido del todo en el periodismo económico especializado, que es nuestro terreno.

Cuando me ficharon hace ya medio año en Semana Financiera para llevar el área digital estaba convencido de que ese era el objetivo. Pensaba que la dirección del periódico me había contratado para posicionar nuestra edición online a la cabeza de esta transformación, como referencia digital en el campo del periodismo económico.

Aún creo que podemos hacerlo, pero estoy un tanto desengañado porque noto que Arturo, nuestro director, afronta el nuevo ERE replegándose en la edición impresa cada vez más precarizada y no apoya los cambios necesarios para que nuestra home dé un salto de calidad. Creo que estamos perdiendo una gran oportunidad y me sabe fatal, porque Vidal sí que está por la labor y, además, entusiasmado. El jefe de redacción es una pieza clave de nuestro periódico, su experiencia es imprescindible para dar un salto digital de calidad. No solo estoy aprendiendo mucho de él, sino que además se está convirtiendo en un buen amigo. Siento que juntos, trabajando codo con codo, podemos conseguirlo. Solo necesitamos que la dirección del periódico nos permita intentarlo...

Ahí dejo mis apuntes en el ordenador, sincronizado con la aplicación del móvil, y me calzo las zapatillas de ir a correr. No he conseguido quitarme del todo el mal rollo de encima, esa sensación de estar perdiendo una gran oportunidad, pero al menos tengo las ideas mucho más claras. Llego al parque diez minutos antes de lo previsto y ya me encuentro a Vidal estirando los músculos y calentando a conciencia, del mejor humor.

Casi cuarenta minutos después estoy exhausto. Camino con las manos sobre la nuca y los codos en alto, para intentar llenar mis pulmones y normalizar la respiración.

—Odio decir «te lo dije», pero yo te lo dije, Mateo —presume Vidal divertido—. Si querías seguirme el ritmo, ya sabes. Además, has sido tú el que me ha enseñado cómo va RunKeeper, qué gran aplicación.

—Anda ya, fanfarrón.

—Ven, vamos a hidratarnos —me dice señalando una terraza—. Te invito a esa bebida con sales asquerosa que a ti tanto te gusta.

El brindis por las buenas noticias me desconcierta y Vidal me guiña un ojo. Sigue un rato en plan cachondeo hasta que finalmente suelta la bomba.

—Pues que el martes tenemos una cita con el presidente de la Cámara de Comercio para rodar nuestra primera gran producción audiovisual, compañero.

—Noooo. ¿De veras? ¿Cómo lo has conseguido?

—Artimañas de viejo reportero —Vidal se ríe de buena gana, sin revelar un solo detalle de cómo ha logrado convencer al director—. Pero tampoco tiene mucho mérito la cosa. Si lo piensas un segundo, Arturo no pierde nada. No tiene motivos para oponerse porque el coste es cero. He negociado una prueba piloto y luego hablaremos.

—Y cómo es eso de que *tenemos*... ¿Estoy invitado al rodaje?

—Por supuesto, Mateo, la idea ha sido tuya. Mira, el plan es así: yo aquí hago de director de fotografía y de camarógrafo, claro. Irene será nuestra guionista y la actriz secundaria. La gran estrella será el director de la Cámara de Comercio, pero aún no sabemos si será en el papel de chico bueno de nuestra peli o de gran villano, eso dependerá de cómo vaya la entrevista. Y tú eres el director del largometraje, ¿cómo te ves de Martin Scorsese? ¿O prefieres Quentin Tarantino?

Toda la terraza se gira en dirección a nuestra mesa atraídos por las carcajadas. Incluso veo algunas sonrisas por el efecto contagio.

—Ni que fuera una superproducción de Hollywood —le digo cuando consigo reponerme—. Será una cápsula de tres o cuatro minutos a lo sumo.

—Ya, pero nos lo pasaremos pipa.

31
El estreno

—¡Tres, dos, uno! ¡Despegue! —anuncia Irene a mi espalda, muy excitada, en el preciso momento en el que *clico* publicar la entrevista.

Vidal me palmea el hombro satisfecho y se queda a comprobar que el vídeo se reproduzca sin problemas en la *home*, a pesar de los gritos de Irene:

—¡Valentina! ¡Ven, no te pierdas esta toma!

—Ah, ¿ya lo tenéis? ¡Voy, voy!

Valentina se acerca a toda prisa mientras desfilan algunos primeros planos del presidente de la Cámara de Comercio y de Irene conversando distendidamente en el *backstage* de la entrevista, con la cortina musical de fondo. El volumen de la música desciende ligeramente para dar paso a algunas declaraciones destacadas del entrevistado y la cámara ofrece detalles de sus manos y de su despacho que describen al personaje mejor que una voz en *off*, sin más necesidad de presentación que el rótulo de su cargo a pie de pantalla.

—¡Ay, qué emoción! —grita Irene cuando desfila su nombre con un primer plano de la periodista y también algunos detalles como su libreta y su mano armada con una elegante pluma fuente.

—¡Guau! Estás estupenda, Irene. ¡Monísima! —le dice Valentina, al ver cómo ambos, el entrevistado y la periodista, sonríen por alguna broma que queda silenciada tras la cortina.

—¡A que sí! —aprueba Irene encantada.

Fundido a negro que cierra dieciocho segundos de introducción, y la voz de Irene, con la primera pregunta, da paso al encuadre de la entrevista propiamente dicha, ya sin música de fondo.

—¿Qué os parece? ¿Os gusta? Con Mateo nos hemos pegado un curro de edición importante —dice Vidal, pero no lo dejan continuar.

—¡Shhhh!

—¡Calla, calla!

—Sube un poco, Mateo —me pide Valentina.

—Está al máximo, bajad un poco la voz y escucharéis —les digo, guiñándole un ojo a Vidal.

Me aparto de la silla para dejarles espacio frente a la pantalla del ordenador a Irene y Valentina y me retiro a la segunda línea a comentar los detalles con Vidal. Aunque en verdad, después de las horas que le echamos ayer por la noche a la edición, no tenemos mucho más que comentar, nos sabemos el vídeo de memoria y estamos muy contentos con el resultado. En realidad, lo que comentamos, con codazos y gestos silenciosos, son las reacciones de las compañeras a cada detalle del encuadre, del foco y del montaje de secciones.

—Lo hemos conseguido —me susurra Vidal—. Mira, están completamente enganchadas.

—Ya, tenías razón sobre los gestos del entrevistado, había que capturarlos así en primer plano porque tienen mucha fuerza —le comento, mientras Irene y Valentina cuchichean pegadas a la pantalla.

Cuando nos queremos dar cuenta, ya vuelve la cortina musical, la última declaración destacada del presidente de la Cámara, que funciona como titular de la entrevista, el apretón de manos con la periodista y el logo de *Semana Financiera* que cierra la imagen.

Fuerte aplauso de los cuatro y algunos gritos de bravo.

—Es verdad que hasta se te hace corto —reconoce Vidal.

—Ya, tiene la medida justa —le digo—. Así el usuario quiere más.

—¿Qué celebramos? —pregunta Arturo asomándose desde su despacho, atraído por el alboroto.

Mientras Irene se deshace en elogios y nos besa y abraza a los dos, como si de un gran estreno de Hollywood se tratara, Valentina le explica a Arturo las bondades del vídeo, adulándonos con descaro. El director se acerca para poder ver la producción audiovisual, y con Vidal retrocedemos un poco más para dar espacio a los tres frente a la pantalla. Creo que estamos tan cansados del trabajo de edición que preferimos disfrutar el momento en silencio.

Vidal sonríe con cara de satisfacción y me señala con los ojos en blanco a los dos compañeros de redacción que pasan del estreno. Julián espía de reojo la escena, pero no se acerca. Y Luis pica un texto a toda velocidad en su ordenador, como si faltaran pocos minutos para el cierre de edición, sin hacer el menor caso. Está claro que pasa de los nuevos contenidos audiovisuales de nuestra *home* y se preocupa mucho más de la edición impresa, como quiere nuestro director, y lo hace evidente.

Vidal niega con la cabeza, resopla y me sonríe con malicia. No hace falta que me diga nada, porque imagino lo que está pensando: exactamente lo mismo que yo. Arturo felicita a Vidal con un apretón de manos y él echa el balón a mi tejado.

—Pues al que tienes que felicitar es a Mateo, que tiene todo el mérito —le dice.

Arturo lo hace y dando tres palmadas enérgicas le pone un punto final a nuestra *avant-première*:

—¡Y ahora, todo el mundo a trabajar! ¡Se acabó la fiesta! —grita sin ocultar su buen humor, volviendo a su pecera.

—¿A trabajar, dice? —me susurra Vidal al oído—. ¿Y las horas que le hemos echado a esta producción audiovisual qué han sido, un cachondeo?

—Ya, no hagas caso. Nos lo hemos pasado en grande y ha quedado un trabajo estupendo —le digo.

—Ya lo creo. Oye, gracias por confiar en mí con la cámara, Mateo.

—Pero ¿qué dices? Gracias a ti por tomar las riendas y arriesgarte a hacer algo nuevo conmigo.

—Pues ambos nos hemos arriesgado y hemos hecho un trabajo fetén. —No puedo evitar la risa y Vidal sigue la broma—: ¿Qué, qué pasa? ¿Ya no dicen fetén los *millennials*?

Ambos nos tronchamos y descargamos así la tensión del estreno. Ahora solo nos falta ver la respuesta que tendrá el vídeo en nuestra *web*.

—¿Qué tienes que hacer esta noche? Luego te invito a una copa para celebrarlo —me dice de pronto—. Quería invitarte ahora a comer, pero es que he quedado con Ana.

—¿Con tu hija mayor? ¿Con la que te llevabas fatal? Oye, qué bien…

—Pues ya ves, parece que últimamente nos estamos llevando mejor.

—Claro, ni hablar —le digo—. Aprovecha esta ocasión con Ana, luego lo celebramos, no te preocupes.

32
Victoria pírrica

@MateoMillennial
Un millón de likes no son nada comparados con la
satisfacción por el reto superado y el trabajo bien hecho
#diariodeunmillennial

Espero a Vidal en la barra del bar de siempre para esa copa
de celebración. Me ha dicho que se quedaba unos minutos
conversando con Arturo, que aún no se había marchado,
ya que le había retenido una llamada de la junta de accionistas de la empresa, y venía para aquí. Creo que hoy ha
sido uno de los días más largos e intensos de mi corta carrera de periodista digital. Y eso que estuvimos trabajando
duro ayer, hasta las tantas en la edición y montaje de nuestro vídeo, o incluso antes de ayer con el improvisado *set* de
rodaje que montamos junto a Irene en el despacho del presidente de la Cámara de Comercio.

A estas horas ya paso de seguir enganchado al móvil
para comprobar el aumento de visitas a nuestra *home* y
el número de visionados del vídeo. La respuesta que hemos tenido por la tarde en las redes ya no deja lugar a
dudas: ha sido un éxito rotundo y un récord absoluto de

tráfico en nuestra web. Me siento eufórico, ya no necesito un solo *like* para valorar lo que hemos logrado. Hasta los medios digitales de la competencia han compartido nuestro enlace y nos han felicitado en abierto por la entrevista.

Llega Vidal, saluda a José, se sienta en el taburete y golpea la barra con el puño.

—¡Cantinero, el mejor bourbon para mi amigo! Este muchacho vale más que una mina de oro de California.

—Anda ya, John Wayne, ¿qué os pongo? —le ríe la broma José.

—Un par de gin-tonics, ¿no? —asiento y noto algo de amargura o de resignación en la sonrisa de Vidal.

—¿Qué pasa?

—Pues no te lo vas a creer, pero Arturo me ha pedido que aparcara una temporada «todas esas movidas digitales», así me lo ha dicho, porque el horno no está para bollos. —Vidal suspira y niega con la cabeza—. Ni caso del impacto que estamos teniendo, de cómo ha quedado el vídeo, de lo que hemos conseguido.

No sé qué responder, porque de alguna forma ya me esperaba esta reacción de nuestro jefe. Nos apoye o no, la renovación de contenidos digitales ya está en marcha y el primer paso ha sido todo un éxito. El problema, en todo caso, es que, si no podemos dar el segundo en poco tiempo, esto ya no tendrá mucho sentido.

—Pero no quita que hemos triunfado —le digo a Vidal.

—Ya lo creo que sí. Salud, Mateo, por el trabajo bien hecho —me dice elevando la copa, y brindamos.

Tras quedarse pensativo unos minutos, prosigue:

—¿Sabes cuál es la ironía? Que cuando por primera vez en mi vida siento que estoy haciendo lo que realmente me gusta y lo que me apetece hacer, como generar contenidos audiovisuales empuñando una cámara; que cuando finalmente el trabajo deja de estar reñido con mi vida privada, a pesar de que le eche más horas que un reloj, como ayer que nos quedamos hasta las tantas en casa editando el vídeo; que cuando todas las piezas comienzan a encajar y mi vida personal deja de ser un completo desastre y me siento bien... pues la ironía es que en este preciso momento tengo que dejar todo esto en la cuneta para dedicarme a una de las tareas más ingratas.

—¿De qué me estás hablando? —le pregunto intrigado, porque el tono de Vidal no tiene nada de queja gratuita ni de lamento fingido, sino de auténtico desconsuelo.

—Pues que Arturo no solo me ha pedido que aparquemos la web por un tiempo, sino que me ha encargado que me ocupe personalmente del gran recorte que exige la empresa para garantizar la supervivencia del periódico bajo mínimos.

—Pero ¿qué dices?

—Como lo oyes, mañana por la mañana tengo que reunirme con la gente de personal. Arturo me ha dado una semana para que decida yo cuáles son las dos nóminas de redacción de las que vamos a prescindir. Y me sugirió que una de ellas sea Mariano el diseñador, porque lo de meter en nevera una temporada cualquier nuevo cambio de formato o de contenido de la web va en firme. Y hay más.

—¿Aún hay más? ¿Qué?

—También debo reunirme con el equipo de administración para definir por dónde reducir los gastos internos del periódico hasta un 20% sin contar con la rebaja de salarios de un 15%, que ya es efectiva a partir de este mes en curso.

Le doy un largo trago a mi gin-tonic tratando de asimilar lo que me está contando Vidal porque no me lo puedo creer. Vaya victoria pírrica la que celebramos esta noche por la renovación de la *home*. Todo indica que nuestra primera incursión en la producción de contenidos audiovisuales digitales será la última, al menos por un largo tiempo. Ahora soy yo el que está desmotivado o desconsolado, más de lo que lo está Vidal.

—Pues, mira, si es así —le digo—, ya tienes un problema menos. No te rompas más el coco pensando a quién vas a mandar a la calle, porque me voy yo junto con el diseñador y punto pelota. Si Arturo quiere congelar por un tiempo su apuesta por el digital, no tiene ningún sentido que me quede.

—Ni hablar, tú eres muy válido. Además, Arturo me lo ha dejado muy claro con un símil futbolístico. Tú eres el gran fichaje del año y no puede perderte a mitad de temporada, aunque se vea forzado a dejarte en el banquillo, porque perdería dinero, eso es lo que me ha dicho. Confía en que la próxima temporada volverá a apostar por la web y entonces jugarás de titular.

—Pues yo no veo mucho futuro en este club, la verdad —me sincero.

—Lo tienes, Mateo, no te engañes. El que no lo tiene soy yo, que me había ilusionado al jugar unos minutos de falso nueve con mi cámara nueva y ahora tengo que volver a la odiada posición de central y con el brazalete de capitán, cuando estamos perdiendo por goleada —me dice Vidal explotando al máximo la metáfora futbolística, y creo que tiene razón.

33
Motivos para el cambio

La cabeza me da vueltas y no solo es por la resaca. Mientras me preparo un café pienso en todo lo que me dijo ayer Vidal entre los tres gin-tonics que se bebió. Yo quise seguirle el ritmo, pero apenas si pude acabarme el segundo y luego no sé cómo llegué a casa andando. Supongo que puse el piloto automático. Él, por su parte, cogió un taxi porque no cabía duda de que no estaba para conducir ni mucho menos.

Me hizo todo tipo de confesiones, creo que ya se está convirtiendo en un gran amigo, además del jefe experimentado del que siempre aprendo algo nuevo. Y entre esas confesiones no solo está el hecho de que ha recuperado su relación con Ana, su hija mayor, con la que ya se llevaba fatal aun antes de su divorcio. La comida que compartieron el otro día ha sido el comienzo de una reconciliación entre padre e hija, que llevaba mucho tiempo esperando, me dijo.

Pero no solo eso, sino que también me ha contado finalmente cosas de su ligue en Tinder. O la relación, mejor dicho, que tiene con Karina: la guapa publicista que conoció a través de la aplicación algo más joven que él, de 41 años, también divorciada y con un hijo. Cree que aún es pronto para saber si está enamorado, pero me confesó que le gusta mucho, que se lo pasa muy bien con ella y que la cosa va sobre ruedas.

Además de esos dos cambios tan positivos en su vida, reconoció otros igualmente importantes, como el haber retomado el *running* y, sobre todo, el hecho de haber reorientado finalmente su trabajo, de la mano de la cámara Canon EOS 6D que se compró, hacia lo que siempre le había gustado y lo que en verdad quería hacer. De allí el malestar que siente ahora con la reestructuración que le ha encargado el director y con el trabajo de siempre en la redacción, que ya no le apetece hacer.

Y el ejemplo que me ponía para que lo entendiera era la sesión maratoniana que nos pegamos el otro día en su casa, cuando nos quedamos hasta las tantas haciendo el montaje y editando el vídeo que publicamos ayer en nuestra *home*. A eso Vidal le da mucho valor, no solo porque descubrió que también se puede trabajar a distancia, desde casa y sin horario, sino porque además se dio cuenta de que trabajo y vida privada pueden combinarse. Y eso es algo que nunca le había pasado.

Creo que lo entiendo, en parte, pero me parece que Vidal no acaba de enfocar el problema correctamente. Y mientras no lo haga, no podrá sentirse a gusto ni con su vida privada ni con su trabajo, porque el error es justamente considerar ambos ámbitos como compartimentos estancos o esferas separadas entre sí. Me acabo el café, que ya está un poco frío, me preparo otro expreso en la máquina para superar la resaca y enciendo el ordenador para apuntar esta idea que me parece importante.

EVERNOTE: MI DIARIO

Los profesionales de la generación de Vidal, los que están entre baby boomers y generación X, también se dan cuenta de lo obvio: que tu vida profesional no puede estar reñida con tu vida personal. Pero me parece que no enfocan el problema correctamente, porque se empeñan en armonizar o en equilibrar una y otra, como si no fueran lo mismo. Intentan combinar sus pasiones con su trabajo y repartir de manera un tanto más equitativa el tiempo de ocio, o el que le dedican a sus relaciones, con el tiempo de trabajo. Por eso utilizan en inglés el concepto de work-life balance.

En cambio, los millennials *no lo vemos así. Para nosotros no hay diferencias entre vida privada y profesional. Cuando realmente te dedicas a lo que te gusta y lo haces con pasión no hay diferencia entre tu tiempo de ocio y el de actividad, porque tus motivaciones personales son también laborales y viceversa. Disfrutamos nuestro trabajo en la oficina tanto como el trabajo durante nuestro tiempo de descanso, porque ambas cosas forman parte de lo mismo. Así como nos apetece quedarnos de madrugada frente al ordenador o desarrollar una idea justo en el momento en el que surja, aunque sea un domingo por la mañana, también queremos abandonar la oficina a media mañana para ir al gimnasio o, como en mi caso, para salir a correr y despejar la cabeza. De allí la importancia que le damos al teletrabajo y a la flexibilidad horaria. Más que equilibrar trabajo y vida privada, nosotros intentamos integrar o fusionar ambas cosas. Por eso muchos* millennials *ya utilizan un nuevo concepto:* work-life integration.

Un poco más despejado, tras el segundo café de la mañana, me quedo pensando en todo esto mientras mi compañero de piso, que ya se ha levantado, se ducha y desayuna para ir a trabajar. Y, abstraído, me quedo haciendo un recuento mental de los motivos que ahora tiene Vidal para dar un golpe de timón y afrontar un verdadero cambio en su trayectoria profesional más acorde con sus aspiraciones, o incluso en los motivos que también tengo yo para un cambio de rumbo, porque siento que he llegado a un punto muerto en la redacción de *Semana Financiera*, que no presto atención a lo que me está contando Álex mientras se come sus cereales con yogurt.

Cuando logro comprender lo que me dice no me lo puedo creer.

—No entiendo nada, Álex. ¿Tú no eras el que estaba tan a gusto en esa *startup* de comunicación corporativa en plena expansión? ¿No estabas tan contento con las oportunidades para crecer que te brindaba tu jefe superenrollado? ¿No estabas feliz con la flexibilidad de horarios y con la forma de trabajar descentralizada de todo el equipo? ¿Por qué quieres ahora dejar la empresa? No lo entiendo, la verdad.

—Bueno, es que si me lo planteas así... No lo sé, *bro* —me dice—. Quiero cambiar, no sé muy bien por qué. Me apetece.

La respuesta de Álex me resulta realmente increíble. Y más inverosímil le parecerá a Vidal cuando le cuente el caso de mi compañero de piso. Él, que tiene sobrados motivos para dejar la empresa en la que trabaja hace años, creo que aún ni siquiera se lo ha planteado. Y en cambio,

Álex lo hace porque sí, sin ningún motivo, y deja un trabajo que le brinda todas las posibilidades para desarrollarse y en el que está muy bien. Esa es otra diferencia generacional importante. Para nosotros la estabilidad laboral de un trabajo para toda la vida es impensable. Nosotros necesitamos cambiar para crecer, afrontar nuevos retos y sentirnos bien. E incluso a veces, como en el caso de Álex, hasta cambiamos de trabajo porque sí.

34
La gran decisión

—Lo último que me hubiera imaginado era que hasta un niñato caprichoso, como tu compañero de piso, pudiera darme una lección —me dice Vidal mientras revuelve su café. No acabo de entender su reacción y lo de *niñato*. No sé si tomármelo como algo personal, porque Álex tiene exactamente mi edad. Aunque sí coincido con Vidal en que ahora deja la empresa para la que trabaja desde hace año y medio por puro capricho. He empezado a contarle el caso de Álex al pedir el primer plato. Vidal ha pasado buena parte del almuerzo acribillándome a preguntas de todo tipo, en las que intercalaba recuerdos personales de sus inicios en la profesión y consideraciones sobre lo que buscaba él cuando tenía nuestra edad. Hasta que ya en los postres se ha quedado finalmente callado, reflexionando la cuestión.

—¿Qué lección? ¿A qué te refieres? —le pregunto, porque le está poniendo demasiado suspense al asunto y no me puedo contener.

—Pues al hecho de no quedarte atado a un trabajo que no acaba de convencerte. A tener la valentía de cambiar, de dar un giro a tu carrera profesional, si no lo ves claro. Mi generación siempre se ha aferrado a un contrato como a un clavo ardiendo, con la intención de no soltarlo en toda su vida, aunque ese clavo no fuera lo que siempre habías soñado ni lo que de veras te apasiona.

—Ya, te entiendo —le digo—. Pero el caso de Álex no es tan así como lo planteas, ¿eh?, porque él sí que trabajaba en lo suyo y además estaba muy a gusto en la empresa. Y tampoco es que suelta este clavo para aferrarse a otro mejor, porque ni siquiera tiene otras ofertas. Ayer me dijo que se iba a tomar un tiempo, que iba a comenzar un curso de alemán, que quería ampliar sus horizontes y todo ese rollo. Vamos, que se trata de cambiar por cambiar.

—No, si no lo defiendo, pero lo comprendo —me dice Vidal tras un sorbo de café—. Mira, si me hubiesen contado la historia de tu compañero de piso antes de conocerte, sin duda hubiera dicho que estaba loco. Ahora, en cambio, lo veo diferente, porque tú también me has enseñado unas cuantas cosas, Mateo, no te creas. —Me guiña un ojo y yo me siento un poco halagado, la verdad—. Lo que me gusta de tu generación es la actitud: el hecho de no conformarte con lo que tienes, de no resignarte, y de seguir buscando lo que realmente quieres hacer en la vida. Y, sobre todo, el no tenerle miedo a los cambios, claro.

Vidal acaba su café de un trago, mira hacia la calle y suspira. Me gustaría saber qué demonios está pensando. Y también a qué se refería en concreto con eso de que yo le he enseñado unas cuantas cosas, porque estoy seguro de que no lo decía por la lección de Tinder o de RunKeeper que le he dado.

Más bien diría lo contrario: soy yo el que ha aprendido y sigo aprendiendo muchas cosas de él. Vidal me ha enseñado a ser más paciente y a no depender de la aprobación instantánea, a tener seguridad en lo que hago sin estar pendiente de los *likes* de las redes, a ser un poco más humilde, porque en esta profesión, como en todas, la experiencia es crucial y, sobre todo, a saber desconectar a tiempo de los dispositivos para vivir el presente en plenitud y para mejorar tu comunicación personal con los demás. Como ahora, que he puesto mi móvil en modo avión en cuanto nos hemos sentado a la mesa a comer, y no me arrepiento, porque eso no tiene precio.

—¿Sabes lo que creo? —me dice con un brillo raro en la mirada.

—Dime.

—No, antes te voy a contar lo que me dijo ayer un viejo colega de la competencia cuando me lo encontré en la presentación del informe de la Comisión de Valores —prosigue Vidal de carrerilla, y me cuenta sin escatimar detalles los elogios que circulan a media voz en el sector de la prensa económica sobre nuestro vídeo. Incluso el viejo colega quiso sacarle el nombre de la productora multimedia que supuestamente filmó y editó la entrevista para nuestra *home*, para que su medio también pudiera contratar sus servicios. El colega estaba absolutamente convencido, por la calidad del vídeo, de que se trataba de un trabajo de profesionales, y por supuesto Vidal no lo sacó de su error.

—¿Qué te parece? —me dice Vidal, festejando la broma, aunque no lo sea.

—Pues que no me sorprende, la verdad —le digo, aunque sí estoy un poco sorprendido de nuestro éxito—, porque tú parece que hayas nacido para empuñar una cámara y eso se nota.

—Anda ya. ¡Modesto! Porque tú con el programa de edición no has tenido nada que ver con el resultado final, ¿verdad? Mira, me parece que no solo Arturo y la empresa no valoran correctamente lo que hemos hecho, sino que ni siquiera nosotros mismos nos damos cuenta de lo que hemos logrado en este primer intento, ni de lo que somos capaces de hacer. Tú y yo, trabajando juntos.

—¿Qué quieres decir? —le pregunto, aunque ya comienzo a imaginarme.

—Pues que... Espera, uno cosa más: ¿ibas en serio cuando me dijiste que te escogiera a ti para las bajas del ERE?

—Claro. Si la renovación de la web queda congelada, la empresa no me necesita —le digo, con total sinceridad.

—Pues entonces ya tengo resuelto un tema. El nombre de las dos personas de redacción que se pliegan al retiro voluntario: Mateo y Vidal.

«*Are you kidding me?*» estoy a punto de soltarle con los ojos como platos de mi personaje preferido de la serie de Netflix a la que me he enganchado. Pero no, Vidal no me está tomando el pelo. Creo que no me sentía tan entusiasmado desde que aceptaron mi candidatura para las prácticas en Singapur.

—¿De veras? ¿Estás pensando lo mismo que yo? —le digo, sin acabar de creérmelo.

—Supongo que sí. Estoy pensando que tengo varios años de antigüedad en la empresa y que voy a pillar un buen pellizco si me retiro ahora. Con ese pequeño capital inicial nos asociamos y fundamos una pequeña empresa de contenidos multimedia de información económica, para seguir haciendo lo que se nos da mejor y, sobre todo, lo que nos gusta hacer. Tú y yo, ¿qué te parece?

35
La sorpresa

Supongo que a Vidal también le habría gustado, como a mí, contemplar la cara que se le queda a nuestro director al enterarse de la noticia que está a punto de comunicar a toda la redacción. Desde primera hora de la mañana la tensión se respira en el ambiente, y no es para menos. Pero esa imagen no va a ser posible, porque los dos ya negociamos nuestra salida y el director está al tanto de todo. Ambos quedamos conformes. El que no ha quedado para nada conforme ha sido Arturo. El ajuste de la plantilla no le ha salido como esperaba, pero el director ha tenido que aceptarlo con cara de pocos amigos. De todos modos, *Semana Financiera* saldrá adelante en esta nueva etapa sin nosotros, porque nadie es imprescindible en un equipo. O, al menos, no debería serlo en los equipos bien formados.

Creo que quien peor lo ha pasado en estos días de incertidumbre ha sido Luis. Tiene miedo de ser uno de los dos candidatos para el ERE. Y Mariano, el diseñador, ya está resignado. Está convencido de que es una de las personas escogidas, por algún comentario despectivo de Arturo que ha oído. Menuda sorpresa se llevará ahora. Pero también Irene lo ha pasado fatal y me sabe muy mal, porque yo no podía contarle nada. Está muy nerviosa ya que, con los años que lleva en la casa, cree que tiene todos los números para llevarse el premio gordo de una jubilación anticipada, mucho más forzada que negociada.

Vidal me guiña un ojo con un gesto de «allá vamos» y da tres sonoras palmadas en el centro de la redacción, atrayendo la atención de todos.

—¡Compañeros! Acercaos, por favor, que vamos a hacer una reunión informal, porque la empresa tiene algo importante que comunicaros.

Las caras lo dicen todo. La de Valentina es de circunstancia, pero sin perder la sonrisa me muestra su pulgar en alto. Trata de mostrarse tranquila, aunque me doy cuenta de que también está un poco nerviosa, como todos. Mariano se acerca a paso lento como si caminara por el corredor de la muerte. Algunas sillas se desplazan sobre la moqueta hasta formar un semicírculo alrededor de Vidal, aunque otros como Julián, que se cruza de brazos a su lado, prefieren escucharlo de pie.

—Como ya sabéis, *Semana Financiera* pasa por ciertos apuros del mismo tipo que indica el nombre de la cabecera —trata de bromear para destensar el ambiente, pero nadie ríe—, de modo que la empresa ha decidido llevar a cabo un nuevo reajuste de la plantilla.

Su discurso no está nada mal. Trata de subir a todos la moral y aborda con sutileza, quitándole hierro en la medida de lo posible, el tema de la rebaja salarial y la drástica reducción de gastos internos. Deja para el final los nombres de las personas que abandonarán la redacción, lo que todos se mueren por saber, y hace hincapié en la confianza y el pequeño esfuerzo que nos pide a todos para que el periódico supere esta crisis y salga adelante como lo ha hecho en el pasado y como está seguro de que ahora también sucederá. Yo lo escucho a medias, sin desconectar del todo, a la espera de esa señal convenida para ir a buscar una cosa que hemos escondido esta mañana en la nevera. Aprovecho estos minutos para escribir un tuit en mi móvil:

@MateoMillennial
Toda crisis es una gran oportunidad y cambiar el rumbo profesional está en tus manos
#diariodeunmillennial #millennials

«Comienza una nueva etapa…», dice Vidal, y esa es la señal. Discretamente me deslizo hacia la cocina y cojo los vasos desechables y la botella de cava, que ya está a su temperatura justa. Cuando me acerco al círculo de la reunión, Vidal está soltando la bomba:

—Finalmente lo que todos queréis saber. Las dos personas que dejan la redacción con las bajas incentivadas del ajuste son las siguientes: nuestro querido responsable del área digital, Mateo, y un servidor.

Descorcho la botella y el ruido se intensifica en medio del silencio que de pronto se ha hecho, para desconcierto de toda la plantilla.

—Y ahora, propongo un brindis por Julián, vuestro nuevo jefe de redacción, y también por Mariano, que coge el relevo de Mateo en la actualización de contenidos de la web y en los ajustes de diseño.

Lo que sigue a partir de allí es una montaña rusa de emociones entre gritos, aplausos, lágrimas y carcajadas. Buena parte del cava va a parar a la moqueta sin miramientos y hasta Arturo sale de la pecera por el alboroto y se acerca a brindar. Irene nos reparte más besos y achuchones que el día del estreno del vídeo, Luis brinda eufórico con nosotros y Julián nos felicita una y otra vez por el nuevo emprendimiento. No ha demorado ni dos minutos en someter a Vidal, entre brindis, a un interrogatorio de tercer grado para enterarse con pelos y señales de la nueva empresa de contenidos multimedia que nos disponemos a crear. Y Valentina, que lo ha escuchado todo, nos abraza y no se lo acaba de creer.

—¡Cabrones! Qué escondido que os lo teníais. Os echaremos muchísimo de menos, pero vais a triunfar, estoy segura.

36
Nuestra apuesta

—Bueno, ahora me voy y os dejo trabajar —dice Karina, acabando su té verde.

Ha pasado por el estudio, de camino a la agencia publicitaria donde trabaja, para ver cómo quedaban el sofá y las dos butacas que colocamos ayer. Lo que nos faltaba para completar el mobiliario.

Lo que no sabe Karina es que ya estamos trabajando, lo hacemos todo el tiempo con Vidal sin darnos cuenta, incluso cuando hacemos *running*, y lo mejor es que lo disfrutamos. Sentados los tres en la gran mesa redonda de la oficina compartimos el desayuno, pero con los ordenadores encendidos, las carpetas de proyectos abiertas y el bloc de notas al alcance de la mano, para apuntar cuanta idea surja. Y, de hecho, Karina nos ha brindado varias que hemos apuntado a la vez, con una sincronización que nos ha hecho reír.

Karina recoge su taza, la lleva al fregadero y al salir coge el rotulador y sobre el cristal esmerilado que separa la cocina, la superficie luminosa que usamos como gran pizarra, subraya la palabra *marketing* y le añade entre paréntesis la palabra *innovación*. Luego se acerca a la mesa, me roba un *post-it* y anota «Comida tailandesa, 14:30». Lo pega en el borde superior de la pantalla del ordenador de Vidal y se pone la chaqueta.

—De todas las citas y reuniones que tengo hoy es imposible que me olvide de esta —le dice Vidal, divertido.

—Por si acaso —le responde, después de un beso. Karina me saluda con la mano y se marcha.

Además de guapa, la novia de mi socio es muy inteligente y toda una experta en lo suyo. Nos está siendo de gran ayuda en esta primera fase de consolidación de la empresa recién fundada. Y a Vidal se le ve feliz.

Aún no puedo creer todo lo que hemos hecho en solo una semana, desde que fundamos esta plataforma multimedia de información económica al inscribir oficialmente la sociedad en el Registro Mercantil. Alquilamos esta luminosa oficina sobre la avenida, montamos el despacho y el pequeño estudio fotográfico y de rodaje en el otro ambiente, donde Vidal instaló las luces profesionales y las nuevas cámaras en las que invirtió, y hasta echamos a rodar nuestra página web. Esto último con la ayuda imprescindible de Martín, un programador de mediana edad que es todo un crack y está muy entusiasmado con el proyecto. Tanto que incluso nos ofreció el dinero que tiene ahorrado para sumarse como tercer socio de la empresa. Vidal es el socio mayoritario y yo apenas cuento como socio minoritario con la pequeña suma que me prestó mi padre.

De momento hemos rechazado la oferta de Martín, que estará ahora a punto de llegar, porque preferimos crecer poco a poco y de manera firme. No queremos comprometer más capital del que ya hemos invertido, hasta no consolidar un modelo rentable de negocio. Eso lo ha entendido Martín a la perfección e incluso lo ha agradecido. De todos modos, confiamos en que podamos sumarlo como socio en el próximo ejercicio, aunque de hecho ya funciona como tal, con voz y voto en nuestra gran mesa redonda de trabajo, en donde tomamos todas las decisiones de forma horizontal.

A una semana de nuestro debut en el universo multimedia, las perspectivas son esperanzadoras porque hemos logrado posicionar nuestra plataforma entre los primeros portales. Ya tenemos dos clientes importantes: el periódico económico puntero en el que trabaja un viejo colega de Vidal que nos ha encargado una serie de entrevistas y reportajes audiovisuales para su digital, y una web de información económica a la que surtimos de contenidos multimedia.

El tema es que, si nos restringimos a funcionar como una agencia de noticias, tarde o temprano alcanzaremos un techo que está muy próximo, porque el mercado es reducido. Para que esta plataforma multimedia sea de veras rentable, debemos ampliar nuestro campo de acción, tal vez, en la dirección que nos sugería Karina.

—¿En qué piensas? Dilo —me urge Vidal, como si me leyera la mente.

—En lo mismo que tú, en lo que nos decía Karina —le confieso señalando con mi boli la palabra subrayada en la luminosa pizarra de cristal.

—Ya, pero más como una estrategia de rentabilidad, no para cambiar de rumbo. Nosotros hacemos periodismo económico audiovisual, no publicidad.

—Exacto —le digo, ya en la sintonía de siempre en la que pensamos juntos y en voz alta—. No se trata de que nos pasemos al marketing, sino de que nuestros contenidos audiovisuales también puedan funcionar en esa dirección. Eso nos ampliaría nuestro margen de acción y de potenciales clientes.

—Por ejemplo, si una empresa o compañía afín —sigue Vidal, cogiendo el testigo de la reflexión a dos cabezas—, en lugar de recurrir a un anuncio publicitario al uso, tuviera en cuenta alguno de nuestros vídeos de información económica, el efecto publicitario sería mucho menos agresivo y convencional, pero quizá más eficiente.

—Claro, porque el mensaje publicitario sería ahora el contenido, y esto tiene un valor en sí mismo y una utilidad —continúo yo—. La marca no intenta venderle un producto al consumidor, eso lo hace indirectamente, sino que le ofrece un contenido de su interés, con el que se informa o aprende.

—Ya, y no te digo si la marca o empresa en cuestión apoya determinadas causas a través de distintas ONGs o realiza acciones sociales o culturales mediante una fundación. En estos casos el mensaje publicitario indirecto o la presencia de la marca no solo se tolera mejor, sino que hasta se aprecia —dice Vidal.

—Claro, mira… sobre este tema había tomado apuntes. Escucha esto:

EVERNOTE: MI DIARIO

Otro rasgo que nos caracteriza a los millennials es que no soportamos la publicidad. No queremos que nos bombardeen constantemente con los clásicos mensajes publicitarios que nos interrumpen, nos distraen y no nos aportan nada nuevo. En cambio, nos gustan mucho los mensajes publicitarios indirectos en los que la marca o el producto nos llega a través de contenidos interesantes o divertidos, que nos permitan informarnos o aprender. Así como nos adherimos sin dudarlo a favor de distintas causas u ONGs que auspician esas mismas marcas. No queremos que nos vendan un producto de manera machacona, sino que el marketing nos aporte algo de valor o de interés, y si es por una buena causa, mejor. Creo que el marketing del siglo XXI, el marketing para millennials, debería apuntar en esa dirección.

—¡Bravo! —grita Vidal—. Eso es exactamente de lo que estamos hablando. Mira, ¿sabes lo que creo? Creo que además de ofrecer nuestros contenidos audiovisuales a los medios digitales y a los portales de información económica, también podemos brindarlos a las empresas en general y ayudarlas a que con ellos construyan otro tipo de mensajes publicitarios más constructivos. Nuestra apuesta podría resumirse en ayudar a las empresas a desarrollar un marketing con valores.

—¡Eso es! —apruebo eufórico, cuando entra Martín a la oficina.

—Buenos días.

—Llegas en el momento justo —le dice Vidal—. Ven, que tenemos que discutir una gran idea que se nos acaba de ocurrir para consolidar esta plataforma. ¿Quieres un café?

—Sin leche, gracias. Pero es que hay dos mensajeros en la puerta con una gran entrega —dice el programador.

—Yo me encargo —digo.

Firmo el albarán que me dan e intrigado los hago pasar al estudio con una enorme caja a cuestas. Preguntan dónde lo colocan y Vidal les señala una zona despejada de la oficina, junto al gran ventanal que da a la avenida.

Nos sentamos los tres a discutir la nueva estrategia y nos olvidamos de los mensajeros, que se han ido con el material de embalaje y la caja vacía. Cuando me giro hacia el ventanal no puedo reprimir una sonora carcajada espontánea.

—¡Un futbolín! —grito.

—Claro, qué te pensabas —me responde Vidal, divertido—. Los vejestorios también tenemos buenas cosas que aportar a las nuevas empresas digitales, y eso hay que aprovecharlo.

37

Medium: De un trabajo para cobrar un salario a trabajar para realizarte, donde compartes el propósito y los valores de la empresa

---

Desde que comencé hace ya algunos meses a compartir mis reflexiones en esta plataforma de blogging, le estoy dando vueltas a una idea desde distintos enfoques. Me refiero a la idea de que los millennials de alguna forma somos especiales. Y probablemente lo seamos tanto para lo bueno como para lo malo, aunque estoy convencido de que, en la fórmula entre defectos y virtudes de mi generación, la balanza se inclina finalmente hacia las virtudes. Y por ello tenemos mucho que aportar al mundo de la gestión empresarial y a la economía del nuevo milenio.

De los que hemos nacido entre principios de los 80 hasta los albores del año 2000, los expertos dicen muchas cosas y son todas ciertas. Los millennials somos la primera generación que alcanza la mayoría de edad en el siglo xxi. Hemos crecido con Internet, los teléfonos inteligentes y las redes sociales, y sin duda todo eso nos ha influido. Y puede que seamos la generación más capa-

citada y mejor preparada de la historia. Pero ¿qué es lo que nos hace en verdad especiales? ¿En qué sentido somos diferentes? Después de mucho reflexionar, creo que he llegado al meollo de la cuestión, seguramente ayudado por mi situación personal. Al comenzar una nueva etapa profesional, me he dado cuenta de qué es lo que en verdad nos diferencia a los miembros de la también llamada generación Y de las generaciones anteriores. Tiene que ver con la actitud con la que nos enfrentamos al mundo laboral. Con nuestra manera de concebir el trabajo, como una parte integral de nuestra vida.

Para nuestros padres y abuelos, el trabajo representaba un mal necesario. El trabajo era una obligación, porque les habían inculcado que debían hacerlo para cubrir las necesidades básicas y pagar la hipoteca. Lo más importante era tener un trabajo fijo y estable —y si era para toda la vida, mejor— con el que garantizar cada mes el ingreso de la cantidad de dinero necesaria para vivir. Si no podías dedicarte a lo que en verdad te gustaba, daba igual. Si el horario no te permitía tener una vida personal, eso no importaba. Si no podías soportar al jefe que te hacía la vida imposible, tenías que resignarte. Lo único que contaba era que pudieras llegar a fin de mes y que pudieras darle una buena educación a tus hijos para que tuvieran una vida mejor.

Nosotros somos esos hijos que hemos sido criados con las necesidades básicas cubiertas y que hemos recibido la mejor educación. Pero también hemos crecido con el peso de la frustración laboral de nuestros padres, con las caras largas de domingo por la noche porque al otro día había que volver al trabajo. Y no queremos eso, no queremos vivir así.

Los millennials aspiramos a realizarnos en la vida a través de nuestra carrera profesional. Queremos trabajar en lo que nos gusta, queremos tener un trabajo que nos motive y nos haga sentir bien. Necesitamos desarrollarnos en un entorno laboral sano, donde podamos establecer relaciones personales importantes y continuar aprendiendo y mejorando en todos los aspectos.

Pero sobre todo necesitamos sentir que formamos parte de algo más grande, de algo que tiene un sentido o una finalidad que va más allá de la mera rentabilidad económica. Si trabajamos en una empresa que solo busca ganar dinero, aunque se preocupe por el bienestar de sus empleados y siga la lógica del win-win, seguramente perderemos la motivación y el interés tarde o temprano y acabaremos abandonando la compañía.

Para un millennial no hay nada más importante que trabajar en algo en lo que realmente cree y sentir que eso aporta un valor. Necesitamos identificarnos con la filosofía de la empresa en la que realizamos nuestra actividad, porque esa actividad tiene, además de una rentabilidad económica, una finalidad o una razón de ser.

Como queremos construir un mundo mejor, esperamos que las empresas en las que trabajamos contribuyan a ello aportando algo de valor. Por ejemplo, Google contribuye a difundir el conocimiento y a hacer accesible toda la información del mundo; Zappos, a crear experiencias felices; Virgin, a divertirse en el trabajo, etc.

Pero también podemos creer en emprendimientos mucho más modestos e identificarnos con la filosofía de pequeños proyectos. Si montamos una pequeña empresa que se encarga de cocinar la comida de una escuela, lo hacemos con el convencimiento de que estamos alimentando las mentes de la próxima Marie Curie o el próximo Albert Einstein.

Esta preocupación, ligada a cierta conciencia social y a darle un sentido o una finalidad a nuestro trabajo que nos permita realizarnos, creo que es la principal baza de mi generación. Y eso mismo es lo que destaca un experto en la materia como Simon Sinek con datos contrastables: «Según la Encuesta Deloitte 2015 sobre la Generación Milenio, el 90 por ciento de sus integrantes a nivel mundial quieren utilizar sus conocimientos para hacer el bien».

Los millennials necesitamos sentir que la empresa en la que trabajamos tiene un impacto positivo en el mundo. Queremos contribuir en nuestra actividad con un granito de arena para hacer del mundo un lugar mejor.

38

Todos somos *millennials*

A la salida del gimnasio decido volver a la oficina, para trabajar un poco algunas ideas que se me han ocurrido para el nuevo cliente. Aún me quedan casi dos horas hasta mi cita de esta noche y estoy demasiado ansioso para ir a casa, necesito distraerme. Creo que he conocido a la chica adecuada, jamás había sentido tantos nervios antes de una cita. Me río solo por la calle de cualquier tontería, hasta del nuevo seguidor que tengo en Twitter. Cualquiera que me viera, diría que estoy enamorado.

Desde el rellano me intriga la música y antes de meter la llave en la cerradura ya reconozco la canción.

—¡Mateo, qué sorpresa! —me dice Vidal, bajando el volumen del altavoz conectado por *bluetooth* a su ordenador.

—¿Qué haces todavía aquí?

—Pues me he quedado a darle unos retoques a la presentación de mañana. Y, de paso, a escuchar este grupo del que me hablabas, para qué te voy a mentir. Oye, son muy buenos.

—¿The Lumineers? ¿Te gustan? —le pregunto.

—Mucho. Pero ¿y tú qué haces aquí? ¿Qué te has olvidado?

Tras un largo rodeo en que le explico al detalle las ideas que se me han ocurrido para el nuevo cliente y las súbitas ganas de trabajarlas un poco que me han venido después de hacer ejercicio, no me queda más remedio que confesarle la verdad. Creo que estoy perdidamente enamorado de una chica a la que he invitado esta noche al cine y ya no sé qué hacer para acelerar los relojes.

—Pues tendrás que arreglártelas tú solo —me dice consultando el suyo—, porque en quince minutos me voy con Karina al teatro. Nos vamos a ver una obra de una nueva compañía que tiene muy buenas críticas. Te recomiendo que sigas con los Lumineers para pasar el rato, tienen un par de baladas de amor excelentes que te vendrán de perlas.

—Muy gracioso. Oye, ya que eres tan listo dime si te suena este nuevo *follower* que tengo —le digo, enseñándole el perfil de @periodistaVidal68.

—Ni idea, yo no entiendo nada de esas cosas de los jóvenes —me responde conteniendo la risa.

—Ah, entonces dejaré de seguirlo, pensaba que lo conocerías —le sigo la broma—. Qué raro, mira lo que me ha retuiteado:

@MateoMillennial
Los sueños y deseos se cumplen, si tienes la actitud adecuada: trabajar en lo que te gusta y ser feliz es posible #diariodeunmillennial #millennials

—Este tuit tiene mil años —le cuento—; recuerdo la época en la que lo escribí como si fuera hoy. Por entonces tenía un jefe que era un pelmazo que no hacía más que refunfuñar por todo. ¿Sabes lo que me dijo cuando lo conocí?

—¿Qué te dijo? —me sigue el rollo, tronchándose.

—Me dijo que desconfiaba de los *millennials*, de las supuestas virtudes y capacidades de la nueva generación y de todo eso de las nuevas tecnologías. Decía que, si fuera él, seguiría usando el fax y la máquina de escribir, porque no creía en las generaciones, sino en las personas. —Vidal tiene que beber un poco de agua mineral porque ya se ahoga de la risa y yo tampoco puedo contenerla—. Pero no te lo pierdas, porque hace muy poco lo volví a ver, y el tipo ahora trabaja como un *millennial*, está a la última, pero con la solvencia de un experimentado *baby boomer*. Es una pasada.

—Qué curioso, porque yo conozco a un joven *millennial* que ya ha desarrollado las mejores cualidades de los *baby boomers*, pero con la actitud, el entusiasmo y la energía de su generación. Ese tío sí que es una pasada, es un genio, lo tendrías que ver.

Seguimos así de cachondeo un buen rato, hasta que Vidal se pone serio.

—¿Sabes lo que recuerdo ahora? Lo que me decía mi padre cuando tenía tu edad, y no te lo vas a creer, pero eran la misma clase de tonterías que te decía yo no hace mucho sobre los *millennials*. Claro, a los cincuenta años se sentiría desconcertado porque su mundo había cambiado muy rápidamente, como nos sucedió a los *baby boomers* en los últimos años, y no podía entender a la juventud. Nosotros entonces éramos como los *millennials* para aquella generación de posguerra.

—Ya, es verdad. La historia se repite. Aunque nos sintamos tan especiales —reconozco—, en el fondo nosotros no somos tan diferentes a como erais vosotros.

—Para nada. Lo que cambia con la llegada de cada nueva generación es el mundo en el que le toca vivir. Con las nuevas tecnologías y el acceso a la información lo que en realidad ahora está cambiando a un ritmo vertiginoso es la sociedad. Y en esta nueva sociedad de un modo u otro todos acabaremos siendo un poco *millennials*, no importa en qué año hayamos nacido.

Me quedo pensando en ello unos segundos. Supongo que Vidal tiene razón. Y como me doy cuenta de que se le hace tarde, le señalo el reloj.

—¡Es cierto! Me voy al teatro. Hasta mañana, socio.

Coge su chaqueta y, antes de que desaparezca tras la puerta, le digo:

—Oye, Vidal: tú y yo hacemos un gran equipo, ¿lo sabías?

—¡Claro que sí! —me responde con un guiño.

Ahora, como me queda una hora y pico hasta mi gran cita, solo necesito no pensar en ello para que el tiempo pase más rápido. Abro un documento de trabajo, pongo música en el Spotify y el tuit que suena en mi móvil me arranca una sonrisa:

@Vidal68
Todos somos millennials, no se trata solo de una
generación sino de un cambio de mentalidad
#diariodeunmillennial #millennials

Agradecimientos

Intenso es probablemente el adjetivo que mejor describe *Diario de un Millennial*. Escribir mi segundo relato me ha llevado más tiempo de lo esperado porque varios acontecimientos me han obligado a aplazar su redacción. Cyberclick está en fase de crecimiento y en los últimos meses hemos incorporado a muchas personas que han requerido mi dedicación. Después todas las presentaciones, conferencias, charlas y clases que han enriquecido mi año pero le han robado tiempo a la historia que acabáis de leer. Añadido a la mentoría de startups, a la que agradezco especialmente por haberme facilitado el contacto con muchos millennials que han sido mi fuente de inspiración. Todo esto acompañado por el ajetreo de una mudanza y el día a día con mis tres hijos. En resumen, ha sido un camino largo pero muy gratificante al que debo mi agradecimiento a muchas personas que me han apoyado y han hecho posible la publicación de este relato.

Me gustaría empezar por mi familia, a mis padres y mi a hermana y, en especial, a Paloma, por dedicar tiempo, paciencia y amor a todos mis proyectos y acompañarme siempre.

A todas las personas que forman o han formado parte del equipo de Cyberclick, a Anna, Berta, Chantal, Claudia,

Dany, Enric, Estela, Héctor, Jessica, Jorge, Nerea, Oier, Pep, Sara, Sergi, Vera, Helena, Chris, Zach, Paula, Marta, Oriol, Valeria, Kelly, Alba, Albert, Judit, Toni, Berta C, Pilar, Ana C, Miquel, Eva y en especial a Sol y Patricia por el diseño de la portada y a Laia y Tanit por la revisión del texto.

Al equipo de Empresa Activa y Ediciones Urano, en particular a Sergio Bulat, por creer en mi historia y por todo el trabajo que hay detrás de un libro. Agradecimientos también para Matías Nespolo, por todas las correcciones, sugerencias e ideas que han mejorado *Diario de un Millennial*. Sin olvidar a todos mis amigos, que si me pongo a nombrarlos sería una lista inacabable, que me han ayudado y apoyado día tras día.

Todavía recuerdo cuando envié mi primer email. No sabía cómo terminarlo y, como no quería que fuera algo muy formal, escribí: «Gracias». Desde entonces, termino todos mi emails dando las gracias, mi primer relato también acabó con esta palabra y, como no podía ser menos, quiero terminar este libro con este mismo mensaje.

ECOSISTEMA DIGITAL